AF306028

GALERIE

DE

POMMERSFELDEN

CATALOGUE

DE LA COLLECTION DE

TABLEAUX ANCIENS

DU

CHATEAU DE POMMERSFELDEN

A M. LE COMTE

DE SCHÖNBORN

PARIS

DE L'IMPRIMERIE DE J. CLAYE

7, RUE SAINT-BENOIT, 7

1867

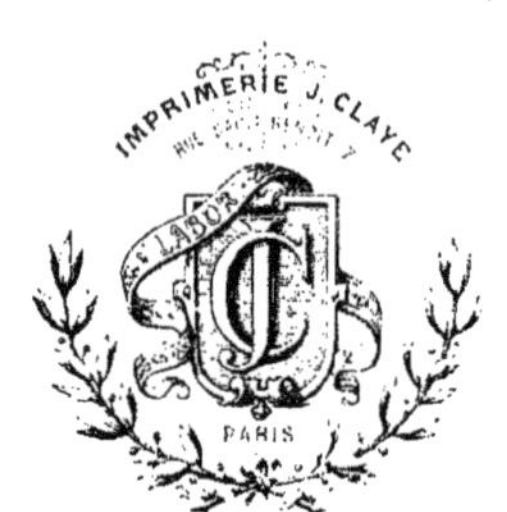
IMPRIMERIE J. CLAYE

PARIS

Beaux-Arts

Le prince de Galles et la grande-duchesse Marie de Russie assistaient hier à la vente faite à l'hôtel Drouot, de la galerie de Pommersfelden.

Cette galerie célèbre, fondée il y a près de deux siècles par le comte de Schœnborn, prince électeur de Mayence, est demeurée et s'est accrue sans déplacement dans le palais de Pommersfelden, près Bamberg.

Le choix et l'authenticité de ces tableaux des écoles hollandaise, flamande et allemande, avaient attiré à la vente la réunion des premiers amateurs.

La première vacation, comprenant cinquante numéros, a produit 490,525 fr.

Un chef-d'œuvre de Philips Wouwerman, *l'Hôtellerie*, a atteint 65,500 fr.

La Lettre, de Gabriel Metsu, représentant une jeune fille écrivant sur une table couverte d'un tapis rouge d'Orient, a été adjugée 45,560 fr.

La Marchande de poissons, de Gérard Dow, tableau de premier ordre dans l'œuvre du maître et d'une finesse exquise, 42,000 fr.

La Sieste, d'Adrien Van de Velde, où dorment dans un sommeil pittoresque, sous une tente accrochée à des troncs d'arbres, une bergère, deux bergers et un petit garçon, 40,000 fr.

Un Pâturage, de Paul Potter, en avant d'un groupe de maisons, avec deux vaches fauves qui luttent au premier plan, 29,000 fr.; on sait la rareté, dans les ventes publiques, des œuvres de Paul Potter.

L'Aumône, de Philips Wouwerman, qui verse la bourse d'un gentilhomme monté sur un cheval blanc dans le chapeau d'un pauvre, au détour d'une muraille, 24,500 fr.

Voici les prix principaux d'adjudication de la plupart des autres tableaux :

Brower, *le Pédicure*, 5,300 fr.; Van der Meulen, *Départ pour la chasse*, 8,100 fr.; Jan Siberechts, *Bergerie*, 5,500 fr.; A. Van der Werf, *Déclaration d'amour*, 9,100 fr.; Téniers le fils, *la Galerie de l'archiduc Albert à Bruxelles*, 15,000 fr.; du même, *le Fumeur*, 9,000 fr.; Gérard Dow, *Préparatifs d'un souper*, 13,000 fr.; du même, *Jeune fille se préparant à allumer une lanterne*, 15,000 fr.; du même, *Portrait d'une jeune fille*, 13,000 fr.; Jan van Huijsum, *Vase de fleurs*, 15,200; du même, *le Nid*, 13,700 fr.; Philips Wouwerman, *l'Étrier*, 7,500 fr;; du même, *Chasse au cerf*, 18,100 fr.; Franz Porbus le fils, *Portrait d'homme*, 11,000 fr.; Jan Davidsz de Heem, *l'Ara et le Perroquet*, 8,000 fr.; du même, *Déjeuner*, 3,180 fr.; N. de Hondecœter, *Combat de coqs*, 5,000 fr.; du même, *Combat d'un coq et d'un vautour*, 6,000 fr.; du même, *les Indiscrets*, 6,000 fr.; du même, *la Famille*, 7,500 fr.; Jan Fyt, *Gibier mort*, 4,400 fr.; Wijbrandt de Geest, *Famille hollandaise*, 6,500 fr.; Van Thulden et Kalf, *la Reine Roxane*, 4,700 fr.

Beaux-Arts

La seconde vacation de la vente de la galerie de Pommersfelden, appartenant à M. le comte de Schonborn, a produit 592,435 fr.

Cette vente comprenait cinquante tableaux comme la première.

Le plus important, la *Charité*, par Rubens, a été retiré sur la mise à prix de 150,000 fr.

Le magnifique *Portrait en buste du sénateur Muffel, de Nuremberg*, par Albert Durer, a été adjugé 75,000 fr., à M. le prince Naritsckine, qui a fait des achats importants dans la vente.

Une peinture de nature morte, de première beauté, *Gibier mort*, par Jan Wenix, a atteint 41,500 fr.

Le *Banquet d'artistes* attablés devant un festin prodigue d'huîtres, de pâtés et de volailles, par Genzalès Coques, s'est vendu 40,500 fr.

Deux toiles de Rubens d'un splendide coloris, *Étude de quatre têtes de nègres* et *Sainte famille dans un médaillon octogone*, se sont vendues chacune 35,000 fr.

Nous donnons le prix des autres tableaux qui ont atteint des enchères supérieures à 3,000 fr. : Ludolf Backhuysen, *Pêche à la baleine*, 4,900 fr.; — Willem van Mieris, *Enlèvement d'Europe*, 6,900 fr.; — du même, le *Guitariste*, 9,000 fr.; — J. Wenix, le *Paon*, 22,000 fr.; — Aart van der Neer, *le Canal*, 25,000 fr.; — Rembrandt, la *Prophétesse Anne*, 12,500 fr.; — du même, la *Pythonisse d'Endor*, 25,000 fr.; — du même, *l'Apôtre saint Paul dans sa prison*, 4,000 fr.; — du même, *Portrait de Rembrandt*, 12,000 fr.; — Rubens et Breughel, *Pan poursuivant Syrinx*, 7,000 fr.; — Rubens, le *Roi David jouant de la harpe*, 11,500 fr.; — Gérard Terburg, la *Dépêche*, 10,000 fr.; — Cranach le Vieux, *Laissez venir à moi les petits enfants*, 3,100 fr.; — Lingelbach, *Vue de Rome*, 3,100 fr.; — Berchem, *Pastorale*, 6,900 fr., — Jacob Jordens, la *Fête des Rois*, 8,100 fr.; — J. Wenix, *Trophée d'oiseaux*, 25,000 fr.

La grande-duchesse Marie assistait à la vente. Nous ne croyons pas que le Musée du Louvre ait fait quelque acquisition.

L'exposition des autres tableaux continuera lundi et mardi, en même temps qu'aura lieu l'exposition des huit beaux tableaux de Murillo dont la vente est annoncée.

Dès le 25 mai, le public sera admis à visiter les tableaux de la galerie Salamanca, qui viennent d'être exposés dans une galerie construite spécialement à cet effet, à l'hôtel du duc.

GALERIE

DE

POMMERSFELDEN

CATALOGUE

DE LA COLLECTION DE

TABLEAUX ANCIENS

DU

CHATEAU DE POMMERSFELDEN

A M. LE COMTE

DE SCHÖNBORN

PARIS

DE L'IMPRIMERIE DE J. CLAYE

7, RUE SAINT-BENOIT, 7

1867

Pour ne pas fatiguer les amateurs par une longue suite de vacations. la vente des tableaux compris dans ce catalogue a été divisée en deux séries.

La première série. composée de cent tableaux, sera vendue les 17 et 18 mai, après expositions particulière et publique.

La seconde série. comprenant cent quatre-vingt-cinq tableaux. sera vendue les 22. 23 et 24 mai, également après expositions particulière et publique.

L'ordre des vacations de la première vente et l'ordre des vacations de la seconde vente seront publiés à part et distribués pendant les expositions qui précéderont chaque vente.

Les ventes seront faites au comptant.

Les acquéreurs payeront cinq pour cent en sus des adjudications.

CATALOGUE

DE LA COLLECTION

DE

TABLEAUX

ANCIENS

DES ÉCOLES HOLLANDAISE, FLAMANDE ET ALLEMANDE

PROVENANT DU CHATEAU

DE

POMMERSFELDEN

A M. LE COMTE DE SCHÖNBORN

VENTE PUBLIQUE A PARIS

HOTEL DROUOT SALLE N° 8

Mᵉ Charles **PILLET**
COMMISSAIRE-PRISEUR
Rue de Choiseul, 11

M. **HARO**, Peintre
EXPERT
Rue Bonaparte, 20

PREMIÈRE VENTE

LES VENDREDI 17 ET SAMEDI 18 MAI 1867, A 2 HEURES

Exposition particulière : le mercredi 15 mai, de 1 à 5 heures.
Exposition publique : le jeudi 16 mai, de 1 à 5 heures.

DEUXIÈME VENTE

LES MERCREDI 22, JEUDI 23 ET VENDREDI 24 MAI 1867, A 2 HEURES

Exposition particulière : le lundi 20 mai, de 1 à 5 heures.
Exposition publique : le mardi 21 mai, de 1 à 5 heures.

CE CATALOGUE SE DISTRIBUE

A PARIS................ Chez MM. Pillet (Charles), commissaire-
priseur, rue de Choiseul. 11.

—   —   Haro, expert. chargé de la
vente, 20, rue Bonaparte, 14.
rue Visconti.

A LILLE................ Chez MM. Vanackere. éditeur.

A LYON................   —   Hoeth. éditeur.

A LONDRES..............   —   Conalghi, Pall Mall East. 14.

—   —   H. Durlacher, 113. New-
Bond street, International
Society of Fine arts. Old Bond
street. 25.

A BRUXELLES..........   —   Leroy Étienne), 12. place du
Grand-Sablon. Agence de la
Société internationale de Lon-
dres. 46, rue de la Madeleine.

A AMSTERDAM.........   —   Roos. in het Hais der Hoofden.

A ROTTERDAM.........   —   A. Lamme, Wijn straat, 4.

A COLOGNE.............   —   Heberlé.- marchand d'anti-
quités.

A BERLIN...............   —   Lepke. unter den Linden.

A DRESDE..............   —   Arnold. marchand d'estampes.

A LEIPZIG..............   —   Brockais et C.

A FRANCFORT...........   —   A. Baer. 3. place Schiller.

—   —   Goldschmidt, Zeil, hôtel de
Russie.

A MUNICH...............   —   Meillinger, marchand de
tableaux, objets d'art.

A VIENNE ....   —   Maison Goupil, M. Kaeser représentant.

—   —   Plack (George). marchand
d'estampes.

A St-PÉTERSBOURG....   —   Négri père et fils.

Les musées de l'Europe sont tous de formation récente. Le plus ancien, le musée du Louvre, date de la Convention.

La galerie de Pommersfelden remonte à près de deux siècles.

Elle a été fondée par l'illustre protecteur des arts, le comte Lothar Franz de Schönborn, prince-électeur de Mayence, grand chancelier de l'Empire, né en 1665, mort en 1729. Elle fut ensuite augmentée par ses neveux, le prince-électeur de Trèves, Franz Georg, né en 1682, le prince évêque de Bamberg et duc en Franconie, Friedrich Charles, né en 1674, et le cardinal Damian Hugo, né en 1676. — tous comtes de Schönborn.

La haute position du comte Lothar et de ses neveux dans l'État et dans l'Église, leur grande fortune personnelle, les incitèrent à construire des palais de premier ordre, les châteaux de Würzburg, de Bamberg, de Brüksal, de Gaybach, de Pommersfelden et autres.

C'est dans le superbe château de Pommersfelden, près Bamberg, que furent surtout réunis les tableaux, et. dès

1719, fut imprimé à Bamberg et dédié au comte Lothar un *Catalogue de la galerie de Pommersfelden*, in-4° de 18 feuillets, contenant 471 numéros. Voilà une curiosité bibliographique! Combien en reste-t-il d'exemplaires? un seul peut-être, celui qui s'est conservé dans la noble famille des Schönborn.

En 1746, nouveau catalogue, imprimé à Würzburg, décrivant les collections dispersées dans les divers châteaux, et suivi de gravures héraldiques représentant les armoiries des Schönborn : Leo Schönbornianus, Leo Bambergensis, Leo Pommersfeldensis, Lupus Wolffsthalensis, etc.

Presque tous les tableaux de la galerie actuelle se retrouvent dans ces catalogues de 1719 et de 1746.

Où rencontre-t-on maintenant des tableaux qui soient demeurés au même clou depuis un siècle et demi?

Cette galerie de Pommersfelden m'a tourmenté bien longtemps, avant que j'aie pu la visiter. Je savais qu'elle contenait des tableaux extrêmement précieux pour l'histoire de l'art, par exemple un Rembrandt avec la date authentique de 1627, un étonnant portrait d'Albrecht Dürer, — c'est rare! — et quantité de chefs-d'œuvre par les premiers maîtres des écoles du Nord. Avec quel enthousiasme curieux j'entrai, la première fois, dans ce château de Pommersfelden, presque comparable à Versailles, et qui fut construit vers la même époque que Versailles, dans le même style de magnificence!

Le château de Pommersfelden est à six lieues de Bamberg, en pleine campagne, où l'on arrive par des chemins peu fréquentés. La galerie de Pommersfelden est donc presque inconnue aux amateurs français. et son exhibition à Paris aura tout l'attrait de la nouveauté.

Je suppose que ce sera aussi, pour les collectionneurs raffinés, un grand plaisir que d'acheter très-cher des peintures embordurées de baguettes noires. Car on a laissé les tableaux dans l'état où ils étaient au château de Pommersfelden, même avec le voile mystérieux que le temps se plaît à épandre sur des œuvres tranquilles, à l'abri de toute profanation. Pas de toilette dangereuse. pas le moindre artifice. Rubens, Rembrandt et les autres peuvent se montrer comme ils sont. Ce sera là encore une jouissance que de soulever légèrement le voile séculaire. et de voir briller la peinture immaculée. avec la simple patine du temps.

Il s'est trouvé, par chance. que les fondateurs de la galerie affectionnaient les maîtres que la postérité devait consacrer. Bon œil et main heureuse. Voyez le choix en exemplaires superfins : trois Rembrandt d'un intérêt exceptionnel; six Gerard Dov, parmi lesquels un chef-d'œuvre, la *Marchande de poissons*, et un bijou, le portrait de petite fille; un Metsu, un Paulus Potter, un Adrien van de Velde. extraordinaires; un Terburg de trois figures; un des plus beaux Wouwerman qui existent, et une demi-douzaine d'autres merveilles du même peintre; un van der Neer de première importance; des Hondecoeter, des Weenix. des Mignon, des de Heem. des van Huijsum, comme on n'en trouve plus; Honthorst, Berchem, Backhuijsen, presque tous les Hollandais renommés. En Flamands : Rubens, la *Charité,* le principal trésor de la galerie, et huit autres peintures de haute valeur; Pourbus le fils, deux portraits superbes; Jordaens, Snyders, Fyt, Teniers; un Gonzales de fine qualité, avec des portraits d'artistes ses contemporains. En Allemands : l'incomparable Dürer, ce portrait d'homme d'un caractère prodigieux; d'autres beaux portraits par des maîtres autour de Holbein; deux Cranach, etc.

Avec de pareils tableaux, la rédaction du catalogue était simple et facile. Ce qui est beau se recommande de soi-même. Il suffisait d'une description exacte et brève, de manière à faire reconnaître partout ces chefs-d'œuvre, destinés peut-être à des aventures périlleuses, après avoir quitté leur paisible retraite de Pommersfelden.

W. BÜRGER.

DÉSIGNATION

ÉCOLE HOLLANDAISE

BABUREN (Theodor)

de Haarlem.

Il a travaillé longtemps en Italie, sous l'influence de Caravaggio et
de G. Honthorst.

1. — Joueur de clarinette.

Buste de grandeur naturelle. Torse mi-nu. Toque à plumes. Tout à
fait dans la manière de G. Honthorst.
Signé : *T. Babū. f. A° 1623.*
N° 85 du Cat. 1857.

T. — H. 0^m,74^c. — L. 0^m,61^c.

BACKER (Jacob)

né à Harlingen en 1608, mort à Amsterdam en 1651.

Élève de Rembrandt.

2. — Portrait de jeune femme.

Buste de grandeur naturelle, encadré dans un ovale, le bras gauche
étendu en avant. Longues boucles de cheveux noirs. Corsage
noir avec garnitures blanches. Aimable physionomie.
N° 291 du Cat. 1857.

T. — H. 0^m,65^c. — L. 0^m,50^c.

BACKHUIJSEN (LUDOLF)

né à Emden en 1631, mort en 1709. Élève d'A. van Everdingen.

3. — Pêche à la baleine.

Au premier plan, contre des bancs de glace, sur lesquels apparaissent des ours blancs, plusieurs pêcheurs en barque harponnent une immense baleine, à moitié hors de l'eau. A droite et à gauche, grands navires à trois mâts, et plus loin d'autres bâtiments de diverses grandeurs. Ciel sombre. Superbe effet des mers glaciales.

Signé, en bas, à gauche, en lettres fioriturées : *L. Bakh.*

N° 585 du Cat. 1857.

T. — H. 1ᵐ.00. — L. 1ᵐ.25ᶜ.

BEGA (CORNELIS)

né à Haarlem en 1620, mort en 1664.

Élève d'Adrien van Ostade.

4. — Vue d'une vieille porte de village.

Sous l'arcade de la porte on aperçoit des tentes, et plus loin, une église. A gauche, devant une maisonnette, une femme parle à un enfant. Nombreux personnages.

N° 248 du Cat. 1857.

B. — H., 0ᵐ,56. — L., 0ᵐ,49.

BEGA (CORNELIS)

5. — Un Camp.

En avant des murs d'une ville fortifiée, groupe de soldats près d'une tente, le porte-drapeau, un joueur de vielle, des marchands; deux des soldats jouent aux cartes sur un tambour; à gauche, debout, l'officier.

Signé, en bas, à droite : *B. F.*

N° 605 du Cat. 1857.

T. — H., 0ᵐ,72. — L., 1ᵐ,03.

BERCHEM ou BERGHEM (Nicolas ou Claas)

né à Haarlem en 1623, mort en 1683.

6. — Un Port italien.

Aux pieds d'une statue de Minerve sont groupés des marchands orientaux, des paysans italiens, une dame en robe jaune et dont la suivante tient un parasol; à droite, débarquement de troupeaux.

Signé en toutes lettres.

N° 402 du Cat. 1857.

T.—H., 0m,71.—L., 0m,89.

BERCHEM (Nicolas)

7. — Vue d'Italie.

A gauche, un édifice à colonnes; à droite, la mer avec des navires. Au premier plan, des Orientaux, une jeune femme en robe citron, donnant la main à un gentilhomme coiffé d'un chapeau à plumes. Leur page tient un perroquet. Près de lui, le petit chien affectionné de Berchem.

N° 405 du Cat. 1857. Ces deux vues d'Italie se trouvent dans les Cat. de 1719 et de 1746.

T.—H., 0m,65.—L., 0m,80.

BERCHEM (Nicolas)

8. — Pastorale.

Dans un paysage *arcadique*, avec fond de mer et de montagnes bleutées, deux bergères demi-nues sont assises sur l'herbe, entourées de troupeaux. La figure principale est une femme debout. vue de dos, en robe rouge.

Signé : *C. Berighem*. Il y a d'autres exemples de cette signature écrite Berighem, notamment sur le tableau de *Ruth et Booz*, n° 26 au musée d'Amsterdam.

N° 521 du Cat. 1857.

T.—H., 0m,65.—L., 0m,85.

BERCKHEIJDEN (Gerrit)

né à Haarlem en 1645, mort en 1698.

9. — Vue de l'ancien Hôtel de Ville, sur la place du Dam, à Amsterdam.

On voit au fond l'église neuve. Perspective très-savante.
Signé : *J. Berck Heyde.*
N° 246 du Cat. 1857.

T. — H., 0^m,64. — L., 0^m,54.

BERCKHEIJDEN (Gerrit)

10. — Boulanger hollandais annonçant au son de la trompe que le pain est cuit.

Sur la devanture de la boutique, un panier de petits pains frais.
Metsu, Jan Steen, Ostade et plusieurs autres maîtres hollandais ont
représenté ce sujet.
N° 357 du Cat. 1857.

T. — H., 0^m,64. — L., 0^m,53.

BLIECK (Daniel de)

de Delft, milieu du XVIIe siècle.

11. — Intérieur d'un Bain romain.

Au centre, dans la piscine, des femmes se baignent.
Signé en bas d'un pilier : *D. Blieck inv. et fecit* 1663. (Le D et le B
en monogr.)
N° 414 du Cat. 1857, sous le nom de Wilhelm Schupert van
Ehrenberg.

T. — H., 0^m,85. — L., 0^m,70.

BLOEMAERT (HENDRIK)

mort en 1647. Fils et élève d'Abraham Bloemaert.

12. — La Vanité.

Jeune femme tenant un vase duquel sortent de la fumée et un rouleau de papier avec cette inscription : *Vanitas vanitatum, et omnia vanitas.* Elle a le sein nu, une draperie rosâtre tombant des épaules ; sur la tête, des plumes et des fleurs. Dans le fond voltigent des bulles de savon.

Signé, en haut, à gauche : *H. Bloemaert, fe.* 1632.

N° 104 du Cat. 1857.

T. — H., 0^m,76. — L., 0^m,64.

BREKELENKAM (QUIRYN)?

13. — Intérieur hollandais.

Un vieux paysan, à barbe blanche, fume, assis devant le feu, à côté d'une petite fille ; à droite, un tonneau, un chaudron, un balai. Cette peinture ressemble aussi à Sorgh.

N° 397 du Cat. 1857, sous le nom d'*Albshofen.*

B. — H., 0^m,23. — L., 0^m,30.

BROUWER (ADRIAN)

né à Haarlem en 1608, mort à Anvers en 1640.

Élève de Frans Hals.

14. — Le Pédicure.

Un paysan panse le pied d'un homme assis sur un banc. En arrière, une vieille femme regarde. Largement et grassement peint.

Mentionné aux Cat. de 1719 et de 1746. N° 265 du Cat. 1857, avec le prénom *Johann.*

B. — H., 0^m,38. L., 0^m,27.

COSSIAU (JAN JOST D. VAN)

né près de Breda vers 1660, mort à Mayence vers 1732.
Imitateur de Gaspard Poussin. Il est presque inconnu en Hollande.
On voit de lui un grand paysage au musée de Munich.

15. — Le Torrent.

Paysage très-accidenté, avec des roches, de hautes montagnes, des
tours, des ruines. Un troupeau de moutons vient boire au torrent. A gauche, en avant, à l'ombre d'un grand arbre, une
bergère, une vache, des moutons.
N° 444 du Cat. 1857.

T. — H., 1ᵐ.10. — L., 1ᵐ,40.

COSSIAU (JAN JOST D. VAN)

16. — Danse de bergers.

Sur un chemin, en avant, un jeune berger et une jeune bergère
dansent au son du chalumeau. Des vaches et des moutons sont
couchés sur le bord de la route. Au second plan, groupe de
grands arbres parmi des rochers; paysage très-riche, très-accidenté, très-profond; on y suit le cours d'un grand fleuve, le
Rhin? Montagnes à l'horizon.
N° 441 du Cat. 1857. Ces deux Cossiau sont mentionnés dans le
Cat. de 1719.

T. — H., 1ᵐ,10. — L., 1ᵐ,40.

DELORME (ANTON)

de Rotterdam. Il a peint de 1640 jusqu'après 1660.

17. — Intérieur d'église.

Avec beaucoup de figurines. Perspective très-savante. Ce maître est
assez rare.
Signé : *A. Delorme* 1643.
N° 260 du Cat. 1857.

B. — H., 0ᵐ.40. — L., 0ᵐ,50.

DOES (Jacob van der)

né à Amsterdam en 1623, mort à La Haye en 1673.
Élève de N. Moyaert.

18. — Rentrée à la ferme.

Bergère montée sur un âne. Une vache et des moutons. Paysage
boisé. Effet de soir.
Signé : *J. V. Does.*
N° 244 du Cat. 1857.

T. — H., 0ᵐ,50. — L., 0ᵐ,70.

DOV (Gerard)

né à Leyde en 1613, mort en 1680. Élève de Rembrandt.

19. — La Marchande de poissons.

A l'arcade d'une fenêtre cintrée en haut, une vieille Hollandaise, en
coiffe blanche et corsage rouge, tire d'un baquet un hareng
qu'elle montre à une jeune servante tête nue et tenant au bras
son panier en cuivre. Sur l'appui de la fenêtre, un choux rouge,
des bottes de carottes et d'oignons, et un pan de tapis; à droite
est appendu un panier d'œufs; à gauche une balance. Une
bacchanale d'enfants est sculptée en bas-relief sous l'appui de
la fenêtre. Dans la pénombre, derrière la marchande, on aperçoit une cage, et au fond deux femmes en conversation près
d'une fenêtre.

Tableau de premier ordre dans l'œuvre du maître. Finesse exquise.
La tête de la jeune fille est fraîche et naïve. Tous les accessoires
sont peints avec une délicatesse incomparable.

Signé sur l'appui de la fenêtre : *G. Douw* (sic) 1651. Cette orthographe singulière du nom, que nous n'avons jamais vu écrit
ainsi, donne à croire que la signature aura été modifiée très-
anciennement. Le tableau est consigné dans le Cat. de 1719
et dans celui de 1746. N° 68 du Cat. 1857.

Smith (n° 24) décrit un G. Dov presque pareil, comme étant en
1750 dans la collection du comte de Brühl et ayant été gravé
par Moitte.

B. — H., 0ᵐ,45. — L., 0ᵐ,37, cintré en haut.

DOV (Gerard)

20. — Préparatifs du souper.

Sur une table éclairée par une chandelle, une jeune fille très-charmante dispose des assiettes, des verres, du pain; une petite fille debout, tenant de la main gauche une lanterne allumée, lui présente un papier. Au fond, un vieil homme fume devant la cheminée. En avant à droite, une chaise avec un coussin rouge, et une chaufferette. En haut, grandes draperies. Prestigieux effet de trois lumières différentes.

Composition très-importante. Superbe qualité.

Signé.

Mentionné dans les Cat. de 1719 et de 1746. N° 74 du Cat. de 1857.

B. — H.. 0^m,35. — L., 0^m,44.

DOV (Gerard)

21. — Marchande de poissons.

Assise à son étal, elle tient à la main une chandelle. Une jeune servante, portant son panier, vient lui parler. A l'auvent est pendue une lanterne allumée; à droite, une jeune fille allume encore une lanterne; deux autres figurines. A gauche, on aperçoit des baraques au dessus desquelles brille la lune. L'effet est donc compliqué de quatre différentes lumières.

Signé.

Porté aux Cat. de 1719 et de 1746. N° 51 du Cat. 1857.

B. — H.. 0^m,39. — L., 0^m,34.

DOV (Gerard)

22. — Jeune fille se préparant à allumer une lanterne.

Elle a sur la tête une faille blanche. Corsage rouge, jupon bleuté. Elle apparaît dans l'arc d'une fenêtre dont l'appui est orné d'un bas-relief. Effet de lumière très-gai.

Signé à droite, contre le pan de la fenêtre : G. Dov (le D faisant monogramme avec le G).

Porté aux Cat. de 1719 et de 1746. N° 341 du Cat. 1857. .

B. — H.. 0^m,27. — L., 0^m,21.

DOV (Gerard)

23. — Portrait d'une petite fille.

Elle tient de la main-gauche un livre. De sa main droite, elle fait un geste, et elle regarde presque de face. Tête nue et cheveux blondins. Vrai bijou.

Signé : *Dov.*

Porté aux Cat. de 1719 et de 1746. N° 535 du Cat. 1857.

B. ovale. — H., 0ᵐ,15. — L., 0ᵐ,11.

DOV (Gerard)

24. — Hermite en prières.

Il a les mains jointes. Longue barbe blanche.

Signé à droite sur le fond : *Dov.*

Porté aux Cat. de 1719 et de 1746. N° 541 du Cat. 1857.

B. — H., 0ᵐ,18. — L., 0ᵐ,14.

DOV (École de) ?

25. — Portrait de jeune homme.

Il tient de la main gauche ses gants. Chapeau noir à grands bords, collerette tombante, costume noir. Fine expression. Buste dans un médaillon ovale.

N° 108 du Cat. 1857, sous le nom de Frans Hals.

B. — H., 0ᵐ,30. — L., 0ᵐ,30.

DUBBELS (HENDRIK)

d'Amsterdam.

On ne sait rien de sa biographie. Il est probable qu'il y eut plusieurs Dubbels : Dirk, Pieter, Jan.

26. — Village hollandais.

Au bord d'un fleuve couvert de bateaux, dont quelques-uns font leur débarquement sur un quai.

Ce maître est rare et il égale à peu près Backhuijsen, avec qui il semble avoir travaillé.

Signé : *Dubbels, f.*

N° 412 du Cat. 1857.

B. — H., 0ᵐ,35. — L., 0ᵐ,45.

DVCK (A.)

Le peintre qui signe ainsi est toujours confondu avec Jan le Ducq, né à La Haye en 1636, mort à La Haye en 1695, élève de Pieter Potter? Nous connaissons plusieurs signatures A. DVCK, notamment au Belvédère à Vienne, sur des peintures de corps de garde et de soldatesque, qu'on prend toujours pour des Jan le Ducq. Il paraît cependant qu'un Jacob Dvck était de la guilde des peintres à Utrecht, en 1626, et, comme dans la signature A. Dvck, la lettre du prénom semble porter sur le premier jambage un J, ce qui donnerait la première syllabe de Jacob, A. Dvck et Jacob Dvck doivent être le même. Quelques auteurs hollandais pensent que ce Dvck, d'Utrecht, est le père de Jan le Ducq, qui, naturellement, l'aurait imité.

27. — Corps de garde.

A droite, des soldats et des femmes attablés; et, en avant, des drapeaux, un tambour, des armures. A gauche, une jeune femme endormie, et, debout devant elle, un officier richement costumé, chapeau à plumes, casaque en buffle, bottes molles, longue rapière. Fond d'un gris très-fin.

Peinture distinguée, claire, et bien intéressante pour sa belle signature, en bas à droite : *A. Dvck,* l'A semblant porter un J attaché à son premier jambage.

N° 371 du Cat. de 1857.

B. — H., 0ᵐ,70. — L., 0ᵐ,45.

DVCK (A.)

28. — Corps de garde.

L'officier est assis en avant, près d'un drapeau et d'un tambour. Au second plan, deux officiers jouent au trictrac avec une demoiselle, et, à droite, des soldats fument près de la cheminée.
Signé : *A. Dvck,* comme le précédent.
N° 527 du Cat. 1857, sous le nom de Van Hall, avec un point d'interrogation.

T. — H., $0^m,84$. — L., $0^m,69$.

EECKHOUT (Gerbrandt van den)

né à Amsterdam en 1621, mort en 1674.
Élève de Rembrandt.

29. — Sujet biblique.

Le roi Nabuchodonosor fait adorer les idoles à Babylone. On voit, à droite d'une grande statue en bronze, les trois jeunes Juifs dans la fournaise.
N° 33 du Cat. 1857.

T. — H., $0^m,71$. — L., $0^m,87$.

FLINCK (Govert)

né à Clèves en 1615, mort à Amsterdam en 1660.
Élève de Rembrandt.

30. — Portrait de Rembrandt jeune (d'après Rembrandt?).

Buste de grandeur naturelle.
Signé, en bas, à droite : *Flinck.*
N° 426 du Cat. 1857, comme Rembrandt.

B. — H., $0^m,70$. — L., $0^m,55$.

GEEST (Wijbrandt de)

né à Leeuwarden, en Frise, où il mourut en 1643, après avoir
beaucoup voyagé en France et en Italie. D'une noble famille, il
avait épousé Hendrikje Uilenburg, sœur de Saskia Uilenburg,
première femme de Rembrandt. Poëte, il a laissé quelques
poésies, et il a été célébré comme peintre par le grand poëte
hollandais Vondel. Wijbrandt de Geest a fait beaucoup de
portraits, dont plusieurs sont encore conservés en Hollande.
Son père et son maître, Simon de Geest, était venu d'Anvers
s'établir à Leeuwarden.

31. — Famille hollandaise.

Le père est debout, la main droite appuyée sur l'épaule d'un petit
garçon. La grand'mère et la mère, tenant sur ses genoux une
petite fille, sont assises à droite. Près d'elles, une petite fille
debout tient un panier. Pour fond, à gauche, un rideau vert. Au
milieu du fond, les armoiries de la famille, et, au-dessous, une
inscription qui porte les âges des personnages et la signature :
Wijbrandus de Geest faciebat Leouerdie (Leeuwarden).
A° 1621.

Figures de grandeur naturelle, vues jusqu'aux genoux. Peinture
d'une puissance qui rappelle les chefs-d'œuvre des plus grands
portraitistes de l'école hollandaise : Rembrandt, Frans Hals,
Theodor de Keijser, van der Helst. Il n'y a point de tableaux
de Wijbrandt de Geest dans les musées de la Hollande, ni à
Amsterdam, ni à La Haye, ni à Rotterdam.

Mentionné aux Cat. de 1719 et de 1746, sous le nom de Pourbus.

T. — H., 1^m.26. — L., 1^m,84.

GHEYN (Jacob de)

le vieux, peintre et graveur à Haarlem. Son fils, Jacob le jeune, fut
également graveur et peintre.

32. — Le Maître d'école.

Il explique, par gestes sur ses doigts, quelque chose à deux écoliers
qui l'écoutent avec attention. Figures de grandeur naturelle, à
mi-corps.

Précieuse et curieuse peinture pour les galeries hollandaises.

Signé au-dessous d'une inscription grecque : *I. D. Gheyn fe : 1620*, les trois premières lettres en monogramme.

N° 735 du Cat. 185.

B.—H., 0^m,59.—L., 0^m,70.

GRAAT (Barent)

né à Amsterdam en 1628, mort en 1709.

33. — Concert à la porte d'une maison.

Une femme en robe de satin blanc pince de la guitare. A sa gauche, un jeune homme joue du violon. Neuf personnages. Fond d'arbres élégants, avec des percées de ciel.

Signé : *B. Graat.*

N° 360 du Cat. 1857, comme inconnu.

T.—H., 0^m,55.—L., 0^m,50.

HELST (Bartolome van der)

né à Haarlem en 1613, mort à Amsterdam en 1670.

34. — Portrait de jeune femme.

Assise sur l'appui d'une fenêtre, elle tient sur sa main gantée un faucon encapuchonné; la main gauche, nue, repose sur la hanche. Robe de satin blanc; une plume blanche dans les cheveux. Au second plan, on aperçoit, par l'ouverture de la fenêtre, un valet qui amène un cheval sellé.

Figure de grandeur naturelle, et vue jusqu'aux genoux. La main nue, la robe de satin et les ajustements sont superbes.

Signé à gauche en bas : *B. van der Helst 1665.*

N° 519 du Cat. 1857.

T.—H., 1^m,20.—L., 1^m,00.

HELST (Bartolome van der)

35. — Portrait d'homme.

Accoudé sur une console, la main gauche tenant des gants, la main
droite contre la poitrine. Tête nue ; riche manteau pourpre
sur un costume noir. En avant, un épagneul qui lève la tête vers
son maître, et un lévrier noir et blanc. A droite, au second plan,
un valet tient par la bride un cheval isabelle. Fond de paysage.
Pendant du précédent.
Signé, en bas, à gauche : *B. van der Helst* 1665.
N° 598 du Cat. 1857.

T. — H., 1^m,18. — 0^m,98.

HEEM (Cornelis de)

d'Utrecht, fils et élève de Jan Davidsz de Heem.

36. — Déjeuner.

Sur une console, des huîtres, un plat d'argent, une orange, un
citron, un poivrier renversé, un vidrecome, des feuilles de
laurier, etc.
Signé à droite en bas : *Co. de Heem f.* 1674.
Mentionné, ainsi que le suivant, dans les Cat. de 1719 et de 1746.
N° 330 du Cat. 1857.

B. — H., 0^m,40. — L., 0^m,50.

HEEM (Cornelis de)

37. — Fruits.

Dans un panier, des pêches, une grenade, des raisins. Sur la même
console, un plat avec un homard, un vase de métal renversé,
des verres, etc.
N° 318 du Cat. 1857.

B. — H., 0^m,90. — L., 0^m,75.

HEEM (Jan Davidsz de)

né à Utrecht en 1600, mort à Anvers en 1674.
Élève de son père David.

38. — L'Ara et le Perroquet.

Sur une table couverte d'un tapis rouge, grand vase en or ciselé, grande aiguière en argent ciselé, un plat d'huîtres avec des citrons; sur des assiettes d'argent, une grenade ouverte, des crevettes; une noix posée sur une salière d'argent. Panier de fruits, raisins, pêches, prunes, un melon, etc. Sous la table, un rafraîchissoir et des vases. En avant, à droite, des coquillages, des figues, des branches d'oranger.

En haut est perché un superbe ara, vers lequel se penche un perroquet gris. Pour fond, un rideau gris lilacé et une percée de ciel.

Peinture d'une magnificence superlative.

Signé : *J. D. de Heem f.*

Mentionné comme un chef-d'œuvre dans le Cat. de 1719.

N° 307 du Cat. 1857.

T. — H., 1^m,50. — L., 1^m,15.

HEEM (Jan Davidsz de)

39. — Déjeuner.

Sur une table, un pâté, un plat d'argent avec des crevettes, un citron, des raisins, une coupe en argent ciselé renversée, une cuiller d'argent, un riche vidrecome monté sur un pied ciselé.

Signé à droite : *J. de Heem f.* 1651.

Mentionné dans le Cat. de 1719. N° 332 du Cat. 1857.

T. — H., 0^m,45. — L., 0^m,60.

HEUSCH (JACOB DE)

né à Utrecht en 1657, mort à Amsterdam en 1701.

Élève de son oncle, Guillaume de Heusch.

40. — Attaque d'une voiture par des brigands.

A l'entrée d'une forêt, après un passage sous une roche, des brigands se précipitent sur une voiture que les voyageurs défendent bravement.

N° 407 du Cat. 1857.

T. — H., 0ᵐ,98. — L., 0ᵐ,75.

HEUSCH (JACOB DE)

41. — Les Maraudeurs.

Une troupe de bandits attaque un convoi de charrettes et de troupeaux. Paysage italien, avec des ruines et des collines azurées.

Pendant du précédent.

Signé en bas : *J. Heusch* (le J en monogr. sur l'H).

N° 408 du Cat. 1857.

T. — H., 0ᵐ,98. — L., 0ᵐ,72.

HOET (GERARD)

né à Bommel en 1648, mort à La Haye en 1733.

Élève de W. van Rysen.

42. — Adoration des Mages.

Riche composition avec grand nombre de figurines, et des groupes d'anges voltigeant en l'air.

Signé à droite en bas : *G. Hoet.*

N° 214 du Cat. 1857.

C. — H., 0ᵐ,77. — L., 0ᵐ,66.

HOET (GERARD)

43. — Adoration des Bergers.

Naissance de Jésus. Bergers, jeunes femmes, paysans, qui adorent
le petit nouveau-né. En haut, gloires d'anges et de chérubins.
Pendant du précédent.
Signé : *G. Hoet.*
N° 206 du Cat. 1857.

C. — H., 0^m,77. — L., 0^m,66.

HOET (GERARD)

44. — Pastorale.

Deux enfants jouent avec un bouc. Un autre enfant, couché près
d'un mouton, auquel il a mis un collier de fleurs. Fin paysage.
Signé : *G. Hoet.*
N° 114 du Cat. 1857.

B. — H., 0^m,37. — L., 0^m,50.

HONDECOETER (MELCHIOR DE)

né à Utrecht en 1636, mort en 1695.

Élève de son père Gijsbert de Hondecoeter et de Jan Baptist
Weenix.

45. — Combat de coqs.

Un coq blanc est en arrêt devant un grand coq rouge à queue verte,
qui vient l'attaquer. A droite une poule grise, à gauche une
poule safran. En l'air vole un pigeon. Fond de parc.
Signé : *M. d'Honde Koeter.*

HONDECOETER (MELCHIOR DE)

46. — Combat du coq et d'un vautour.

Dans le coin d'un parc, un vautour s'est abattu sur une poule qu'il
a terrassée. Le coq arrive, en rebroussant ses plumes, pour
délivrer la poule. Dans le fond, on aperçoit le château entouré
d'arbres.
Signé : *M. d'Hondecoeter.*

HONDECOETER (Melchior de)

47. — Les Indiscrets.

Le coq et ses deux poules sont bien tranquilles dans un retrait du parc, quand arrivent un canard à toute volée et un autre canard qui se dresse sur un talus.

Signé dans la même forme que le précédent.

HONDECOETER (Melchior de)

48. — La Famille.

La belle poule blanche est couchée, trois poussins autour d'elle. Entre ses plumes, sous son aile, apparaît la tête fauve d'un petit poussin. Le superbe coq rouge et vert veille sur sa famille, et il éloigne du geste et de la voix un canard qui veut s'approcher. Au-dessus de la poule, un faisan est nonchalamment couché sur un socle de pierre. Plus loin, des paons et divers oiseaux près d'une pièce d'eau.

Ces quatre pendants composent un véritable drame de la vie des oiseaux. La lutte, la jalousie, les rivalités, et finalement le triomphe et le bonheur. *Aventures d'un coq vert et d'une poule blanche*, c'est le titre qu'on pourrait donner à cette suite merveilleuse, où le grand ornithologiste Hondecoeter a mis toute sa science, toute sa passion, avec ses qualités de dessinateur hardi et de coloriste ardent et harmonieux.

Signé comme les précédents.

Les quatre pendants, sur toile, ont la même dimension :

H., 0ᵐ,98. — L., 1ᵐ,15.

HONTHORST (Gerard)

né à Utrecht en 1592, vivait encore en 1666.

Élève d'A. Bloemaert.

49. — L'Arracheur de dents.

Composition de sept figures, de grandeur naturelle, vues jusqu'aux genoux. A droite, l'opérateur penché sur le patient qui grimace. A gauche, une vieille paysanne en chapeau de paille et caraco

rouge porte un panier dans lequel sont deux canards. Derrière
elle, un jeune garçon à toque emplumée, — l'élève du chirur-
gien (?), — dérobe adroitement un des canards. Trois autres
personnages regardent l'opération.

Signé, au-dessous d'une longue inscription en hollandais : *G. Honthorst* (le G en monogr. avec l'H) *fe*. 1627.

Ce Honthorst et les suivants se retrouvent dans les Cat. de 1719 et
1746.

T. — H., 1^m,36. — L., 1^m,98.

HONTHORST (GERARD)

50. — Nymphe et Satyre.

La nymphe, torse nu, renversée sur une draperie rouge, le bras
gauche replié sur la tête. De la main droite elle prend la barbe
d'un satyre debout et qui se penche vers elle. Figures de grandeur naturelle. Fond de paysage très-clair et très-gai.

Ces tableaux de la première manière de Honthorst sont bien préfé-
rables aux tableaux de sa manière italianisée.

Signé : *G. Honthorst* A° 1623.

T. — H., 1^m,04. — L., 1^m,35.

HONTHORST (GERARD)

51. — Vénus, avec l'Amour, couchée aux pieds de Bacchus.

Pomone apporte des fruits à Vénus, qui lève en l'air un vidrecome.
Figures entières, de grandeur naturelle.

Signé à droite : *G. Honthorst f*.

N° 406 du Cat. 1857.

T. — H., 1^m,60. — L., 2^m,05.

HONTHORST (GERARD)

52. — La Guitariste.

Jeune femme, vue de face, chantant et riant. Toque à plumes,
manteau rouge, bordé de jaune. Elle accorde son instrument.
En buste, un peu plus grand que nature.

Signé : *G. Honthorst fe,* 1624.

N° 316 du Cat. 1857.

T. — H., 0^m,82. — L., 0^m,65.

HONTHORST (Gerard)

53. — Joueuse de mandoline et joueur de violon.

Figures plus grandes que nature, à mi-corps. Tous deux chantent en jouant. La femme a un turban blanc avec plumes vertes: l'homme, un chapeau à plumes rouges.

T. — H., 1m,00. — L., 1m,38.

HONTHORST (Gerard)

54. — Les Chanteurs.

Jeune homme, avec une toque à plumes, pinçant de la mandoline et chantant. Une jeune femme, très-décolletée, turban olivâtre, appuie sa main sur l'épaule du musicien qu'elle accompagne de la voix, en lisant de la musique dans un cahier posé sur une table. Figures à mi-corps, un peu plus grandes que nature.

T. — H., 1m,03. — L., 0m,84.

HONTHORST (Gerard)

55. — Le Joueur de violon.

Portrait d'un jeune musicien tenant son violon sous son bras. Chapeau à plumes, casaque bleue, bariolée de jaune. Il rit à bouche ouverte et montre toutes ses dents.

N° 338 du Cat. 1857.

T. — H., 0m,82. — L., 0m,67.

HONTHORST (Gerard)

56. — Courtisane.

Portrait de jeune femme riant et comptant des pièces d'or dans sa main. Costume jaune, bariolé de rouge. Sein mi-découvert. Longues plumes dans la coiffure.

Pendant du précédent.

N° 337 du Cat. 1857.

T. — H., 0m,82. — L., 0m,67.

HONTHORST (École de)

57. — La Mélancolie.

Buste de femme, les mains jointes. De grandeur naturelle.

T. — H., 0^m,76. — L., 0^m,65.

HOUBRAKEN (ARNOLD)

né à Dordrecht en 1660, mort en 1719.
Élève de S. van Hoogstraeten.

Ses tableaux sont devenus rares.

58. — Présentation au Temple.

Le grand prêtre tient dans ses bras le petit Jésus. A gauche, groupe de personnages, où l'on remarque la vierge Marie, Joseph portant les colombes, etc.
Signé en bas : *A. Houbraken*, 1689.

B. — H., 0^m,40. — L., 0^m,31.

HOOCH (PIETER DE)

Élève de Rembrandt?

59. — Partie de musique.

Deux femmes assises près d'une table, l'une jouant de la mandoline, l'autre tenant un cahier de musique. En arrière, un gentilhomme debout touche du piano. Un lustre pend au plafond. Sur le cahier on lit, en fines lettres, le mot *tavola*. Est-ce le mot italien pour table? Le Cat. 1857 a pris ce mot pour une signature : N° 424. « *Angeblich Tavola ;* pourrait être de Pieter de Hooch. »

T. — H., 0^m,85. — L., 0^m,67.

HORST (G. van der)

Élève de Rembrandt.

Ses tableaux sont extrêmement rares. Le musée de Berlin en possède deux signés.

60. — Épisode de la vie de saint Antoine de Padoue.

Dix-huit figures.

N° 554 du Cat. 1857.

C. — H., 0ᵐ,71. — L., 0ᵐ,95.

HUGTENBURG (Jan van)

né à Haarlem en 1646, mort en 1733. Frère et élève de Jacob van Hugtenburg.

61. — Combat de cavaliers, au milieu d'un riche paysage.

N° 376 du Cat. 1857.

T. — H., 0ᵐ,65. — L., 0ᵐ,78.

HUIJSUM (Jan van)

né à Amsterdam en 1682, mort à Amsterdam en 1749.
Élève de son père Justus van Huijsum.

62. — Vase de fleurs.

Sur une console, dans une niche, est posé un vase autour duquel circulent des bas-reliefs d'enfants. Le vase est plein de fleurs, tulipes, jacinthes, pois à fleur, roses rouges, blanches et jaunes, liserons, etc. Des insectes et des mouches vont boire aux gouttelettes d'eau tombées comme des diamants sur des pétales ou sur des feuilles. C'est frais et parfumé comme un bouquet qu'on vient de prendre au jardin. Une des qualités de cette peinture exquise est la clarté des fonds alentour des fleurs.

Signé sur le socle : *Jan van Huijsum fecit.*

Noté dans les Cat. de 1719 et de 1746. N° 302 du Cat. 1857.

T. — H., 0ᵐ,90. — L., 0ᵐ,71.

HUIJSUM (Jan van)

63. — Le Nid.

Sur un socle, dans un parc, est également posé un vase de fleurs, tulipes, œillets, roses, soucis, branches de laurier et autres feuillages. Papillons, colimaçons, insectes. Sur le socle, un melon. En avant, par terre, un nid avec des œufs, trois pêches, une grappe de raisin.

Signé, en bas, à droite : *Jan van Huijsum fecit.*

Pendant du précédent, et mêmes dimensions. Ces deux peintures sont de premier rang dans l'œuvre si recherché de van Huijsum.

N° 304 du Cat. 1857.

HUIJSUM (Jan van)

64. — Fruits et fleurs.

Pêches, raisins, feuillages.

N° 290 du Cat. 1857.

C. — H., 0^m,53. — L., 0^m,44.

IACOBS (P.)

65. — Minerve et les neuf Muses.

Figures entières, de grandeur naturelle. Le style et l'exécution rappellent un peu Jacob Backer, élève de Rembrandt, et mort en 1651. Ça ressemble aussi aux de Bray et aux de Grebber.

N° 361 du Cat. 1857, sous le nom de Dirk Jacobs van Ostsamen, né à Amsterdam en 1497, mort en 1567, mais le tableau est signé : *P. Iacobs fec.* 1661. Ce P. Iacobs (l's indique la filiation) serait-il un fils de Jacob Backer? Il y a aussi un Juriaan Jacobs, qui avait travaillé chez Snyders et qui mourut à Amsterdam en 1663.

T. — H., 2^m,49. — L., 2^m,77.

LAIRESSE (GERARD)

né à Liége en 1640, mort en 1711.
Élève de Bertholet Flemalle.

66. — Composition symbolique.

Un ange en l'air commande à Satan de rentrer dans l'enfer.

N° 548 du Cat. 1857.   T. — H., 1^m,03. — L., 0^m,77.

LAIRESSE (GERARD)

67. — La Vierge soutenant le corps du Christ mort.

Deux anges pleurent.

N° 129 du Cat. 1857.   T. — H., 0^m,33. — L., 0^m,25.

LEEUW (PIETER VAN DER)

de Dordrecht.

Frère de Gabriel van der Leeuw. Il a peint vers l'an 1670, dans la manière d'Adrien van de Velde.

68. — Au bord du ruisseau.

Une vache fauve boit dans le ruisseau. Un petit garçon va s'y tremper les pieds. En arrière, un chien, deux vaches couchées, trois moutons. Fond d'arbres, avec une maisonnette.

Signé : *P. v. Leeuw f.* 1677

N° 604 du Cat. 1857   T. — H., 0^m,38. — L., 0^m,50.

LEEUW (Pieter van der)

68 bis. — Au bord de la fontaine.

Bergère assise près de la vasque, dans laquelle une vache boit. A
droite, une vache blonde et blanche. A gauche, une vache couchée et deux moutons. Pendant du précédent.
Signé : *P. van der Leeuw.* 1677.
N° 603 du Cat. 1857.

T. — H., 0^m,38. — L., 0^m,50.

LIN (Jan van)

Fin du xviie siècle. Il semble procéder de Wouwerman et de
Hugtenburg.

69. — Bataille de cavaliers.

Combat entre Russes et Suédois. Au centre, un officier en casaque
rouge, sur cheval blanc, renverse un autre cavalier.
N° 392 du Cat. 1857.

B. — H., 0^m,66. — L., 0^m,90.

LINGELBACH (Johann)

né en 1625 à Francfort-sur-le-Mein, mort à Amsterdam en 1687.

Quoique Allemand d'origine, et souvent Italien de style, nous le
classons avec les Hollandais parce qu'il a beaucoup travaillé à
Amsterdam et à Haarlem, dans la pléiade des meilleurs peintres.

70. — Le Campo Vaccino à Rome.

C'est le marché, avec des groupes de paysans, avec des voitures et
des charrettes, avec des gentilshommes qui se promènent. Tableau très-important, par sa dimension, sa qualité, sa conservation. Il était à Pommersfelden dès 1719, ainsi que les autres
Lingelbach qui suivent.
Signé : *Johannes Lingelbach, F. Anno* 1653. *Roma.*
N° 633 du Cat. 1857.

T. — H., 1^m,10. — L., 1^m,87.

3

LINGELBACH (JOHANN)

71. — Vue de Rome.

Jardin magnifique, avec des portiques, des colonnes, de grands
vases sculptés, des statues, des fontaines ; vue splendide
sur de vastes allées bordées d'arbres, et sur un fond où de
hautes collines s'azurent à l'horizon. Les personnages principaux, en avant, sont un peintre (Lingelbach lui-même ?), assis
sur un fût de colonne, un chasseur qui se repose, ayant près
de lui son fusil et un lièvre mort, un couple de jeunes amoureux, des paysans, des gentilshommes, etc.

C'est une des compositions les plus brillantes de Lingelbach.

Signé, en bas, à droite : *J. Lingelbach, 1668.*

N° 415 du Cat. 1857.

T. — H., 0^m,83. — L., 1^m,10.

LINGELBACH (JOHANN)

72. — Le Port de Livourne.

Au centre, un monument avec une statue et quatre esclaves en-
chaînés au bas-relief. Nombreuses figures sur le quai, Orientaux, Chinois, Italiens, paysans, etc. Dans la rade, un grand
bâtiment à deux mâtures. Au fond, un phare, des collines
bleues, et la mer à l'infini.

Signé en toutes lettres.

N° 516 du Cat. 1857.

T. — H., 0^m,91. — L., 0^m,87.

LINGELBACH (JOHANN)

73. — En voyage.

Une dame sur un cheval noir que conduit par la bride un gentilhomme à chapeau emplumé. Au bord du chemin, un paysan et
une paysanne sont assis sous un groupe d'arbres. Une rivière
avec quelques bateaux fait le fond du paysage.

Signé, en bas, à droite : *J. Lingelbach.*

N° 403 du Cat. 1857.

B. — H., 0^m,36. — L., 0^m,39.

LINGELBACH (JOHANN)

74. — Chasse au faucon.

Un chasseur à cheval; un autre chasseur assis et tenant par la bride son cheval blanc; un troisième chasseur monte sur un cheval isabelle. A gauche, le fauconnier, vu de dos, tenant ses faucons encapuchonnés. Fin paysage.

Signé, en bas, à droite : *Lingelbach*.

N° 111 du Cat. 1857, sous le nom de Philips Wouwerman.

B. — H., 0^m,22. — L., 0^m,30.

LINGELBACH (JOHANN)

75. — Vue de Rome.

Le Quirinal avec la colonne, les deux groupes, la fontaine. En avant, un marché, avec une quarantaine de figures. Fond d'édifices, très-riche.

Signé en toutes lettres.

N° 602 du Cat. 1857.

T. — H., 0^m,95. — L., 0^m,95.

LINGELBACH (JOHANN)

76. — Un Port en Orient.

Des Orientaux causent sur le port : l'un d'eux, monté sur un chameau, tient un parasol. Au second plan, un phare. Sur l'eau, divers bateaux et un grand navire.

Signé en bas : *Lingelbach*.

N° 118 du Cat. 1857.

B. — H., 0^m,20. — L., 0^m,25.

MARIENHOF (A.)

de Gorcum.

On dit qu'il s'est formé sur Rubens, mais ses quelques tableaux connus semblent plutôt indiquer l'école de Rembrandt.

77. — Baptême de la reine d'Éthiopie, par l'apôtre Philippe.

Composition tout à fait rembranesque.

N° 26 du Cat. 1857.

B. — H., 0^m,72. — L., 0^m,86.

MEER (Jan van der) ou VERMEER de Delft

né à Delft en 1632, mort vers 1696.

Élève de Carel Fabritius.

78. — Jeune femme au clavecin.

Assise, de profil, devant le clavecin, elle retourne la tête de trois quarts. Boucles de cheveux blonds; jupon bleu. En avant, sur le parquet, un violoncelle.

Signé : *I. Meer* (l'I en monogr. sur l'M).

N° 30 du Cat. publié par la *Gazette des Beaux-Arts*. Mentionné dans le Cat. de 1746. N° 60 du Cat. de 1857, sous le nom de *Jacob van der Meer*.

T. — H., 0^m,50. — L., 0^m,42.

METSU (Gabriel)

né à Leyde en 1615, mort à Amsterdam après 1667.

79. — La Lettre.

Jeune fille, assise devant une table couverte d'un tapis rouge d'Orient, et écrivant une lettre. Elle a un caraco rouge bordé d'hermine, un jupon feuille-morte, un tablier blanc; sur la tête, une cornette blanche. Derrière elle, accoudé sur le fauteuil, se penche un gentilhomme, en riche costume, tenant sous le bras son chapeau à plumes. A gauche, une fenêtre ouverte, un grand rideau vert, et une basse dressée contre une chaise. A droite, en avant, un panier à ouvrage, avec un coussin, un linge blanc et des ciseaux. Chef-d'œuvre, d'une qualité exceptionnelle.

Signé, sur un papier près de l'écritoire : *Gabriel Metsu,* en très-petites lettres. Il est extrêmement rare que Metsu ait écrit en toutes lettres son prénom.

Smith a catalogué, n° 88, un tableau analogue, mentionné par Descamps, dans la *Vie des peintres,* comme étant alors, 1754, dans la collection de M. Bierens. Suivant Smith, c'est le père offensé qui dicte une lettre à sa fille, et c'est pourquoi, dans son catalogue, le tableau est intitulé *the compulsory Epistle* (la Lettre imposée). En 1833, ce tableau était dans la collection Henry Philips Hope.

Metsu a donc répété deux fois cette composition, puisque le tableau de Pommersfelden est inscrit dans les Cat. de 1719 et de 1746. Il y a, du reste, une différence dans les mesures. Le tableau catalogué par Smith est un peu plus large que haut. Celui de Pommersfelden, également sur bois, a 0^m,45 de haut et 0^m,40 de large.

MIERIS (Frans van)

né à Delft en 1635, mort à Leyde en 1681.

Élève de G. Dov.

80. — Repos de Vénus.

La déesse toute nue est assise au pied d'un arbre, sur des draperies blanches et bleues. Devant elle jouent de petits amours, et derrière elle se becquètent des colombes. Très-fin.

Signé, en bas, à droite : *Mieris.*

Noté dans le Cat. de 1719. N° 389 du Cat. 1857.

B. — H., 0^m,14. — L., 0^m,17.

MIERIS (VILLEM VAN)

né à Leyde en 1662, mort en 1747.

Fils et élève de Frans van Mieris.

81. — La Guitariste.

Jeune et charmante femme, en robe couleur safran, assise près
d'une table couverte d'un brillant tapis sur lequel un violon et
des cahiers de musique; à ses pieds un petit épagneul. Elle accorde sa guitare pendant qu'un jeune homme lui offre un verre
de vin pris sur un plateau que présente un petit page en habit
vert-pomme et en bas rouges. A droite, au second plan, une
dame en robe bleue, et un homme à perruque. Au fond, des statues dans des niches. A l'angle gauche du bas, tout à fait en
avant, un plat d'huîtres. C'est un des tableaux les plus fins de ce
maître miniaturiste.

Signé en haut : *W. van Mieris fecit.* Anno 1711.

Décrit dans le Cat. de 1719. N° 81 du Cat. 1857.

T. — H., 0^{m},49. — L., 0^{m},40.

MIERIS (VILLEM VAN)

82. — Enlèvement d'Europe.

Elle s'assied sur le taureau blanc, enguirlandé. Demi-nue, avec une
draperie jaunâtre. Ses compagnes lui offrent des fleurs, et les
amours voltigent à l'entour. A droite, dans le bois, d'autres
nymphes apportent des fleurs. A gauche, une rivière. Composition très-importante.

Noté dans le Cat. de 1719. N° 452 du Cat. 1857.

B. — H., 0^{m}.55. — L., 0^{m},70.

MOLENAER (JAN MIENSE)

Peignait en Hollande au milieu du XVIIe siècle.

83. — Intérieur villageois.

La famille soupe autour d'une table. Une dizaine de figures et beaucoup d'accessoires. Très-important et très-beau.

N° 599 du Cat. 1857.

B. — H., 0^{m},75. — L., 1^{m},05.

MOLENAER (NICOLAS)

d'Amsterdam.

Milieu du XVII⁰ siècle.

84. — Halte à la porte d'une auberge.

Sur une éminence, l'hôtellerie, devant laquelle une charrette et plusieurs personnages. A gauche, un fleuve avec des bateaux.

Signé à droite en bas : *K. Molenaer* (K pour Klaas, ou Nicolas).

N° 378 du Cat. 1857.

B. — H., 0ᵐ,46. — L., 0ᵐ,37.

NEER (AART VAN DER)

né vers 1619, mort vers la fin du XVII⁰ siècle.

Ami et parfois collaborateur d'Albert Cuijp.

85. — Le Canal.

Superbe paysage boisé, au bord d'un canal. Toute la partie gauche est occupée par une futaie. A droite, le canal, bordé d'un chemin de halage, avec quelques maisons. Au milieu du premier plan, sur une langue de terre, un grand arbre, et, en avant, à droite, trois chevaux qui vont boire. A gauche, un barrage et des troncs d'arbres par terre. Effet de soir. Le soleil se couche au bout du canal et le ciel est rayé de gros nuages tournant à l'orangé.

Ce grand chef-d'œuvre est assurément de van der Neer, quoiqu'il ait toujours été catalogué, à Pommersfelden : Albert Cuijp (N° 179 du Cat. 1857). Quelques connaisseurs ne sont pas éloignés de penser que les chevaux et les figures pourraient être de Cuijp. La National Gallery de Londres montre le plus beau tableau peint en collaboration par ces deux grands maîtres.

T. — H., 1ᵐ,35. — L., 2ᵐ,00.

NEER (Aart van der)

86. — Effet de nuit.

La lune se lève au-dessus d'un village situé sur le bord d'un canal
où passe un grand bateau. En avant, des pêcheurs suspendent
leurs filets. A gauche, au premier plan, des terrains, des arbustes,
et en arrière un clocher.

N° 252 du Cat. 1857.

B. — H., 0ᵐ,47. — L., 0ᵐ,70.

NEER (Aart van der)

87. — Effet de lune.

Un canal ; village à droite et à gauche. La lune frappe sur l'eau au
milieu.

N° 243 du Cat. 1857.

T. — H., 0ᵐ,57. — L. 0ᵐ,74.

OSTADE (Adrien van)

né à Haarlem, et non à Lubeck, en 1610, mort à Haarlem en 1685.

Élève de Frans Hals.

88. — Intérieur villageois.

Un homme et une femme près d'une cheminée. A gauche, la
lumière entre par une porte mi-ouverte.

Signé, en bas, à gauche : *A. v. Ostaden*, 1636 (le V rattaché à l'A en
monogr.). L'orthographe Ostaden a souvent été employée par
Ostade dans sa première manière.

N° 462 du Cat. 1857.

B. — H., 0ᵐ,36. — L., 0ᵐ,29.

POEL (Egbert van der)

né à Rotterdam, mort en 1690?

89. — Intérieur villageois.

Une femme nettoie des plats, près d'une pompe que manœuvre un
paysan. Nombreux accessoires. Dans la manière de Teniers.
Signé, à droite, en bas : *Egbert van der Poel*, 165.

B. — H., 0^m,61. — L., 0^m,43.

POELENBURG (Cornelis)

né à Utrecht en 1586, mort en 1667.

Élève d'A. Bloemaert.

90. — Festin des dieux dans l'Olympe.

A droite, Jupiter et son aigle sur un nuage; à gauche, Minerve
debout. Au centre, les autres divinités autour de la table. On
remarque Mars armé et penché vers Vénus, vue de dos.
La plupart de ces Poelenburg sont notés dans les Cat. de 1719 et de
1746. N° 278 du Cat. 1757.

B. — H., 0^m,31. — L., 0^m,44.

POELENBURG (Cornelis)

91. — La Charrette.

Un paysan descend une colline avec une charrette attelée de bœufs.
En avant, un berger et son troupeau.
Signé : *C. P.*
N° 454 du Cat. 1857.

T. — H., 0^m,29. — 0^m,22.

POELENBURG (Cornelis)

92. — Femmes nues.

Elles sont assises sur des rochers, près de ruines.
Signé : *C. P. F.*
N° 384 du Cat. 1857.

B. — H., 0^m,13. — L., 0^m,20.

POELENBURG (CORNELIS)

93. — Bergers.

Paysage avec deux figurines.
N° 542 du Cat. 1857.

B. — H., 0^m,19. — L., 0^m,26.

POELENBURG (CORNELIS)

94. — Des Ruines.

En avant, deux femmes nues. A droite, fond de montagnes bleutées.
Pendant du précédent.
N° 540 du Cat. 1857.

B. — H., 0^m,19. — L., 0^m,26.

POTTER (PAULUS)

né à Enkhuijsen en 1625, mort à Amsterdam en 1654.
Élève de son père Pieter Potter.

95. — Pâturage en avant d'un groupe de maisons.

Deux vaches fauves luttent ensemble. Une vache noire est couchée au pied d'un arbre. A gauche, dans les prairies, des troupeaux qui paissent. Au premier plan, des buissons et des fleurettes. Lointains de collines bleues. Ciel clair.

Peinture d'une conservation extraordinaire, avec le grain de la pâte brillante comme de l'émail. « On sait, dit Smith, que les œuvres d'aucun artiste ne se rencontrent aussi rarement sur le marché (*in the market*) que celles de Paulus Potter. C'est pourquoi les prix de ses bonnes productions, bien conservées, sont très-élevés. Il est vrai qu'elles méritent complétement l'enthousiasme avec lequel on se les dispute dans les ventes publiques. »

Signé : *Paulus Potter f.*
N° 518 du Cat. 1857.

B. — H., 0^m,32. — L., 0^m,42.

RIJN (Rembrandt van)

né à Leyde en 1606, mort à Amsterdam en 1669.

96. — L'Apôtre saint Paul dans sa prison.

Il est assis sur la pierre du cachot, tourné vers la gauche, la main
gauche tenant un livre ouvert, posé sur les genoux, le bras
droit accoudé sur le livre et la main ramenée contre la bouche;
le pied droit est posé nu sur la sandale. Longue barbe blanche,
cheveux blancs, rejetés en arrière et ébouriffés. Les yeux fixes
et pensifs ont une expression prodigieuse. Longue robe grise,
d'une étoffe épaisse et lourde. A droite, un gros manteau verdâtre; à gauche, sur la pierre, des livres, une valise et la longue
épée. La lumière vient de ce côté, par une fenêtre, et de vifs
rayons frappent la muraille, derrière la tête du personnage.

Sur le livre ouvert, on lit : *Rembrandt fecit.*

Et au-dessous, sur le mur, un monogramme très-compliqué, où
l'on peut trouver les lettres initiales de Rembrandt van Rijn,
Hermans Zoon (fils de Herman), suivi de la date 1627.

Cette date 1627 est la plus ancienne qu'on retrouve sur les
peintures de Rembrandt, qui n'avait alors que vingt ans. Vient
ensuite la date 1630 que nous avons signalée sur un portrait
du musée de Cassel, puis quelques dates 1631, encore très-rares.
(Voir le n° suivant.) Puis la *Leçon d'anatomie*, du musée de La
Haye, datée 1632. — Ce Rembrandt de 1627 est bien précieux
pour l'histoire du grand artiste.

Décrit dans les Cat. de 1719 et de 1746. N° 136 du Cat. 1857.

B. — H., 0^m,70. — L., 0^m,58.

RIJN (Rembrandt van)

97. — La Prophétesse Anne.

Assise devant une table, elle lit dans un gros livre sur lequel se
pose sa main droite étendue. Tournée de profil à droite et vue
jusqu'aux genoux. La tête est couverte d'un capuchon bordé
d'or; sur les épaules un lourd manteau rougeâtre. Fond neutre.
Grand caractère. Pureté absolue.

Signé du monogramme et daté 1631.

Gravé par G. van Vliet (Claussin n° 18).

Noté dans le Cat. de 1719. N° 236 du Cat. 1857.

B. — H., 0^m,70. — L., 0^m,58.

RIJN (Rembrandt van)

98. — La Pythonisse d'Endor.

La pythonisse, assise devant une table et tenant de la main gauche
un livre ouvert, évoque l'ombre du grand prêtre Samuel qui
apparaît debout, la tête retournée de face; longue barbe
blanche; un turban d'étoffe jaune, un ample manteau, bordé
d'or. Devant l'apparition, Saül, cuirassé et casqué, s'est prosterné
contre terre. Fond très-mystérieux. — Iᵉʳ livre des Rois, ch. XXVIII.
Tableau de haute qualité. La force ajoutée à la finesse. Il doit avoir
été peint vers 1640.
Décrit dans les Cat. de 1719 et de 1746. Nᵒ 165 du Cat. 1857.

T. — H., 1ᵐ,08. — L., 0ᵐ,80.

RIJN (Rembrandt van)

99. — Portrait de femme en Sainte Cécile.

Elle est assise devant l'orgue, les deux mains sur le clavier. La
tête de profil, coiffée d'une toque à longues plumes blanches:
longs cheveux blond doré, épars sur les épaules; robe en velours
rouge, avec agrafes d'or au corsage. Figure de grandeur naturelle, vue jusqu'à mi-jambe. Fond d'architecture avec arcade.
Porté comme Rembrandt dans les Cat. de 1719 et de 1746.

T. — H., 1ᵐ,34. — L., 1ᵐ,00.

RIJN (Rembrandt van)

100. — Portrait de vieillard à barbe blanche.

De profil, en buste, de grandeur naturelle. Sur la tête, un capuchon
noir qui retombe sur le costume noir. Fond sombre.
Noté au Cat. de 1719. Nᵒ 617 du Cat. 1857.

T. — H., 0ᵐ,80. — L., 0ᵐ,60.

RIJN (Rembrandt van)

101. — Portrait de Rembrandt.

En buste et vu de face.

N° 117 du Cat. 1857, comme Rembrandt.

C. — H., 0ᵐ,22. — L., 0ᵐ,15.

RIJN (Rembrandt van)

102. — Joseph et ses frères.

Vive esquisse sur papier.

N° 183 du Cat. 1857, comme Rembrandt.

P. — H., 0ᵐ,20. — L., 0ᵐ,26.

SAENREDAM (Pieter)

né à Assendelft en 1597, mort en 1666.

Élève de F. P. de Grebber.

103. — Intérieur d'église.

A droite en avant, un groupe de gentilshommes. Longues inscriptions en latin sur les piliers, à propos de la fondation de l'église, au xiᵉ siècle?

Signé : *Pr. Saenredam fecit.* A° 1638.

N° 247 du Cat. 1857.

B. — H., 0ᵐ,62. — L., 0ᵐ,93.

SAFTLEVEN (Herman)

né à Rotterdam en 1609, mort en 1685.

Élève de van Goyen.

104. — Vue du Rhin.

Le fleuve circule entre ses rives accidentées. A droite, comme repoussoir, un pan de rocher surmonté d'une église de village. Au bas, l'auberge, quelques maisons, et une quantité de paysans qui festoient. En avant, un homme en pourpoint jaunâtre et accompagné d'un jeune garçon portant un portefeuille de dessins, est, dit-on, le portrait de Saftleven lui-même. Ce tableau est un des plus importants et des plus pittoresques de tout son œuvre.

Noté, ainsi que les suivants, dans les Cat. de 1719 et de 1746. N° 630 du Cat. 1857.

T. — H., 1^m,12. — L., 1^m,87.

SAFTLEVEN (Herman)

105. — Vue des bords du Rhin.

Superbe paysage, d'une complication extraordinaire, avec de grands côteaux rocheux à droite en avant, et, à gauche, une vue jusqu'à l'horizon sur le cours sinueux du fleuve. Sur les terrains des premiers plans, on voit un village, des chalets, des auberges, avec des centaines de figurines, paysans qui vont au marché, groupes qui boivent ou qui dansent.

Signé, à droite, du monogramme.

N° 451 du Cat. 1857.

T. — H., 1,20. — L., 0^m,90.

SAFTLEVEN (Herman)

106. — Vue du Rhin.

Avec fond de montagnes bleues. Au premier plan, des bateaux et beaucoup de figurines.

Au dos est écrit : *Vue d'Utrecht*, 1667.

N° 404 du Cat. 1857.

B. — H., 0^m,27. — L., 0^m,36.

SAFTLEVEN (Herman)

107. — Un Port près d'une tour en ruines.

Au premier plan, des bateaux et quelques figures.
Signé du monogramme *HS* et daté 1665.
N° 388 du Cat. 1857.

H., 0^,17. — L., 0^,20.

SAFTLEVEN (Herman)

108. — Au bord du fleuve.

Pendant du précédent.
Même signature, même date et mêmes dimensions.

SAFTLEVEN (Herman)

109. — Vue des bords du Rhin.

Fin paysage, avec une ville, sur le bord de l'eau, au second plan.
N° 383 du Cat. 1857.

C. — H., 0^,15. — L., 0^,18.

SAFTLEVEN (Herman)

110 — Le Château fort.

Autre vue des bords du Rhin, avec un ancien château sur un rocher.
Pendant du précédent et mêmes dimensions.

SCHALCKEN (Godfried)

né à Dordrecht en 1643, mort à La Haye en 1706.
Élève de G. Dov.

111. — La Faiseuse de bouquets.

Jeune Hollandaise, coiffée d'un chapeau de paille orné de plumes, assise en un parc, accoudée sur la vasque d'une fontaine, et faisant un bouquet de fleurs. Par une percée du paysage, on aperçoit très-loin un couple d'amoureux, et tout à fait à l'horizon les monuments d'une ville.

Signé sur le pan de la vasque : *G. Schalcken.*

Noté, ainsi que les autres Schalcken, dans les Cat. de 1719 et de 1746.

N° 96 du Cat. 1857.

B. — H.. 0^m,26. — L., 0^m,20.

SCHALCKEN (Godfried)

112. — La Lettre.

Jeune fille tenant à la main une lettre qu'un vieillard montre avec reproches. Effet de lumière.

Signé, au bas, à gauche : *G. Schalcken.*

N° 92 du Cat. 1857.

B. — H., 0^m.25. — L., 0^m,21.

SCHALCKEN (Godfried)

113. — Effet de lumière.

Jeune fille accoudée à une fenêtre et tenant une chandelle qui brûle. Sous l'appui de la fenêtre, un tapis.

N° 342 du Cat. 1857, comme Schalcken *ou* Gerard Dov.

H., 0^m,26. — L., 0^m,19.

SCHALCKEN (GODFRIED)

114. — Diane et ses nymphes à la chasse.

La déesse, debout, tient une flèche qu'elle va ajuster sur son arc. Une des nymphes vient de sonner de la trompe.

N° 73 du Cat. 1857.

C. — H., 0^m,82. — L., 0^m,62.

SORGH (HENDRIK MARTENSZ ROKES)

né à Rotterdam en 1621, mort en 1682.

Élève de Teniers et de Buytenweg.

115. — Intérieur villageois.

Huit figures autour d'une table. Ils boivent, ils fument, ils chantent. Au fond, à gauche, au second plan, près d'une cheminée, cinq autres figures.

Très-bon tableau de ce maître assez rare.

N° 466 du Cat. 1857.

T. — H., 0^m,50. — L., 0^m,70.

SORGH (H. M. ROKES)

116. — Vases sur une console.

Des plats ciselés, des coupes, des verres, des citrons, des livres, etc.

Exécution très-brillante.

Signé du monogramme et daté 1640.

N° 331 du Cat. 1857, sous le nom de Adrieanssen avec un point d'interrogation.

B. — H., 0^m,65. — L., 1^m.00.

TERBURG (GERARD)

né à Zwolle en 1608, mort à Deventer en 1681.
Élève de son père.

117. — La Dépêche.

Un officier, en casaque grise et coiffé d'un grand chapeau, dicte
une dépêche à un jeune soldat casqué et cuirassé, qui écrit.
Tous deux sont assis à une table couverte d'un tapis rouge uni.
Le trompette, debout, en casaque bleue et grandes bottes, attend.
Un épagneul est couché en avant de la table. Fond : une haute
cheminée à gauche, et, à droite, un lit enfermé dans ses rideaux
brunâtres.
Tableau de premier ordre.
Signé du monogramme sur le barreau de la table.
Décrit dans les Cat. de 1719 et de 1746. N° 427 du Cat. 1857.

T. — H. 0^m,74. — L., 0^m,51.

TOORENVLIET (JACOB)

né à Leyde en 1641, mort en 1719.

118. — Marchande de gibier.

Elle offre des pigeons à un paysan accoudé sur sa table.
Signé : *J. Toorenvliet fecit anno 1674.*
N° 352 du Cat. 1857.

T. — H., 0^m,40. — L., 0,32.

TOORENVLIET (JACOB)

119. — La Lettre.

Assise près d'un paysan qui fume, une paysanne lit une lettre.
Signé et daté 1674.
Pendant du précédent et mêmes dimensions.

VELDE (Adrien van de)

né à Amsterdam en 1639, mort à Amsterdam en 1672.

Élève de Wijnants.

120. — La Sieste.

Sous une tente formée par des toiles accrochées à des troncs d'arbres, dorment une bergère, deux bergers et un petit garçon. En avant, une vache fauve, trois moutons et deux agneaux couchés. Au milieu, dans la demi-teinte, un cheval alezan, debout, près du tronc d'arbre. A droite, vue d'une belle campagne, et des collines bleutées à l'horizon. Ciel clair.

Peinture exquise. Effet d'une sérénité touchante. La finesse de l'exécution, la douceur du coloris, la limpidité de la lumière donnent à ce tableau un charme infini. Et quelle conservation!

Signé : *A. V. Velde f.* 1663.

N° 517 du Cat. 1857.

T. — H., 0^m,33. — L., 0^m,43.

VERBRUGGEN (N.)

né à Leyde en 1633, mort très-vieux, suivant van Eynden, qui l'appelle Gisbert, fils d'André. Weyerman donne pour initiale du prénom : N.

Élève de Gerard Dov.

121. — Jeu de Trictrac.

Intérieur de corps de garde. Soldats assis autour d'une table et jouant au trictrac. Près d'eux, une femme debout. A gauche, un officier debout, à qui un page arrange les bottes.

Signé au bas, à gauche : *N. Verbruggen fecit* 1690.

N° 377 du Cat. 1857.

T. — H., 0^m,39. — L., 0^m,49.

VERKOLIJE (JAN)

né à Amsterdam en 1650, mort à Delft en 1693.

Élève de Lievens.

122. — La Mandoline.

Une jeune femme, en robe de satin blanc, joue de la mandoline, près d'une table sur laquelle est un cahier de musique.

Signé : *J. Verkolije,* 1676.

N° 110 du Cat. 1857, avec le prénom de Nicolas, fils de Jan.

B. — H., 0^m,30. — L., 0^m,27.

VERSCHURING (HENDRIK)

le vieux. Né à Gorcum en 1627, mort en 1690.

123. — Départ pour la chasse.

Gentilhomme sur un cheval isabelle, vu de profil, tourné à droite. Deux lévriers suivent. Au second plan à droite, un cheval marron tenu par un page. Fond de ruines.

N° 393 du Cat. 1857.

T. — H., 0^m,65. — L. 0^m,51.

VERTANGHEN (DANIEL)

né à La Haye en 1598, mort en 1657.

Élève de Poelenburg.

124. — Diane au bain.

Diane est assise et vue de dos, au bord d'un ruisseau. A sa droite, deux nymphes nues. A gauche, groupe de quatre nymphes. Pour fond, une grotte, et, à droite, percée de paysage.

Signé : *D. Vertanghen,* 1647.

N° 270 du Cat. 1857.

B. — H., 0^m,64. — L., 0^m,90.

WEENIX (Jan)

né à Amsterdam en 1640, mort à Amsterdam en 1719.

Élève de son père Jan Baptist.

125. — Trophée d'oiseaux.

Groupe d'un paon, d'un faisan, d'une oie et d'une perdrix. Le
faisan et le paon sont étalés sur le socle d'un grand vase.
L'oie, attachée par la patte à un tronc d'arbre, pend, les ailes
étendues. Dans les branches de l'arbre volent deux pigeons.
En avant, par terre, un panier de fruits, pêches et raisins,
un melon, une prune, des noisettes, une corne de chevreuil.
A gauche, un épagneul en arrêt. Fond de parc.

Signé sur le socle : *J. Weenix, f.* 1718.

Ce chef-d'œuvre et les autres Weenix de la collection sont décrits
dans les Cat. de 1719 et de 1746; celui-ci, étant daté de 1718,
doit avoir été peint directement pour les comtes de Schönborn.

N° 314 du Cat. 1857.

T. — H., 1ᵐ,73. — L., 1ᵐ,18.

WEENIX (Jan)

126. — Gibier mort.

Dans un riche paysage, sur une pierre, au pied d'un groupe
d'arbres, sont étalés un lièvre, deux faisans, deux perdrix,
près d'un fusil, d'une gibecière, d'un cornet et d'autres ustensiles de chasse. Sur les branches d'arbres, deux pigeons perchés. A gauche, la vue se perd sur un riche paysage. Première
importance et première beauté.

N° 636 du Cat. 1857.

T. — H., 1ᵐ,39. — L., 1ᵐ,74.

WEENIX (Jan)

127. — Le Paon.

Un paon et un lièvre morts sont étendus dans l'allée d'un parc.
A droite, par terre, une perdrix et un geai, sous un arbre
auquel s'enroulent des pampres chargés de grappes de raisin.

Des oiseaux vivants sont perchés sur les branches de l'arbre;
d'autres oiseaux voltigent dans l'air. Pour fond, dans le lointain,
des statues, des édifices, la mer et le ciel.

Très-clair, très-brillant. Les plumes des oiseaux, surtout celles du
paon, miroitent au soleil et éblouissent.

Signé à gauche : *J. Weenix, f.* 1707.

N° 310 du Cat. 1857.

T. — H., 1ᵐ,15. — L. 0ᵐ,95.

WEENIX (JAN)

128. — Le Lièvre.

Un gros lièvre est pendu par la patte, à côté de perdrix mortes
et d'instruments de chasse.

Superbe pour l'ampleur de l'exécution et la puissance de la couleur.

N° 343 du Cat. 1857.

T. — H., 0ᵐ,80. — L., 0ᵐ,70.

WERFF (ADRIEN VAN DER)

né près de Rotterdam en 1659, mort à Rotterdam en 1722.

Élève d'Eglon van der Neer.

129. — Le Jeu de cartes.

Trois petits garçons, en costume élégant, avec chapeaux emplu-
més, jouent au pied de ruines. Figures souriantes, expressions
très-fines.

Signé : *A. v. der Werff fecit.* Aᵒ 1680.

Ce van der Werff et les deux qui suivent sont notés dans les Cat.
de 1719 et de 1746.

N° 587 du Cat. 1857.

B. — H., 0ᵐ,27. — L. 0ᵐ,28.

WERFF (A. VAN DER)

130. — Déclaration d'amour.

Une jeune femme, vue de dos, le torse nu, est presque renversée
par un jeune homme, au pied d'un arbre et derrière un hermès
du dieu Pan; près d'elle, un bouquet de fleurs. Au second plan,
groupe de femmes assises. Fond de paysage antique, avec un
obélisque.

Signé sur le tronc de l'arbre : *Ad. v. Werff fecit* 1696.

La nuque de la jeune femme, avec ses torsades de cheveux blonds,
le modelé de ses épaules, les fleurs, le paysage, sont peints
avec une délicatesse exquise.

N° 586 du Cat. 1857.

T. — H.. 0ᵐ,47. — L., 0ᵐ,39.

WERFF (A. VAN DER)

131. — La Madeleine repentante.

De profil, agenouillée dans sa grotte, le torse nu, les mains
jointes par-dessus une tête de mort. Une grande draperie bleue
enveloppe les flancs. Très-fine peinture.

Signé : *Chevalier van der Werff anno* 1708.

Ces trois tableaux de van der Werff représentent précisément ses
trois manières. Première date, 1680; deuxième, 1696, et cette
troisième 1708.

N° 141 du Cat. 1857.

B. — H., 0ᵐ,30. — L., 0ᵐ,25.

WET (JACOB DE)

de Haarlem?

Élève de Rembrandt.

132. — Le Christ dans la barque.

A droite sur le rivage, groupes de pêcheurs, d'hommes, de
femmes, d'enfants, qui écoutent le Christ.

Signé à droite.

N° 251 du Cat. 1857.

B. — H., 0ᵐ,47. — L., 0ᵐ,69.

WITTE (Emmanuel de)

né à Alkmaar en 1607, mort à Amsterdam en 1692.
Élève d'Evert van Aalst.

133. — Intérieur de l'église de Delft, avec le tombeau du Taciturne.

En avant, un gentilhomme, vu de dos, avec un chapeau à grands bords et un ample manteau rouge, une femme en noir et blanc; leur page tenant deux lévriers. De petits pauvres demandent l'aumône.
Signé, en bas, à gauche : *De Witte*. A° 1656.
Exécution très-magistrale. Les figures sont superbes.
N° 230 du Cat. 1857.

T. — H. 0^m,90. — L., 0^m,80.

WITTE (E. de)

134. — Intérieur de temple hollandais.

A droite, en avant, un gentilhomme parle au fossoyeur tenant sa bêche.
Pendant du précédent.
N° 238 du Cat. 1857.

T. — H., 0^m,90. — L., 0^m,80.

WOUWERMAN (Philips)

né à Haarlem en 1620, mort à Haarlem en 1668.
Élève de son père et de Wijnants.

135. — L'Hôtellerie.

A la porte d'une auberge très-pittoresque, située au bord d'une rivière, s'est arrêtée une compagnie de chasseurs. Un gentilhomme, descendu d'un beau cheval pie, à selle pourpre, et qu'il tient par la bride, boit dans un pot de grès; un autre gentilhomme sur son cheval bai foncé offre un verre de vin à une jeune dame sur un cheval gris. Un page tient en laisse des chiens. La servante de l'auberge se défend contre des cajoleries. Une vieille paysanne porte un panier. Des poules picotent à côté de tonneaux vides. Derrière le mur de l'hôtellerie apparaissent les arbres d'un parc. A droite, arrive un cavalier tenant par la bride un cheval qui porte le bois du cerf qu'on vient de tuer. Un chasseur, tenant son fusil, fait boire dans la rivière son cheval blanc moucheté. On aperçoit, au second plan, un pont sur la rivière qui se perd à l'infini, dans un fond de paysage bleuté, fin et délicieux.

Ce CHEF-D'OEUVRE de Philips Wouwerman doit-être classé au premier rang parmi les productions de ce grand maître, à cause de la richesse de la composition, de la clarté du coloris, de la délicatesse de l'exécution et de l'esprit des personnages. Il est décrit et vanté dans le Cat. de 1719, ainsi que les autres Wouwerman qui suivent.

N° 515 du Cat. 1857.

T. — H. = 0^m,65. — L., 0^m,80.

WOUWERMAN (PHILIPS)

136. — L'Aumône.

Un gentilhomme monté sur un cheval blanc est arrêté au détour d'une haute muraille par un pauvre qui lui tend son chapeau. La pauvresse donnant le sein à son enfant est assise sur le gazon. Superbe qualité et conservation extraordinaire.

Signé.

N° 365 du Cat. 1857.

B. — H., 0^m,31. — L., 0^m,23.

WOUWERMAN (PHILIPS)

137. — L'Étrier.

Un paysan remet l'étrier à la selle d'un gentilhomme monté sur un cheval blanc. A droite, une paysanne debout, tenant par la main un petit garçon et portant un autre enfant contre son sein. Au second plan, un château. Lointains vaporeux.

Pendant du précédent.

Signé.

N° 363 du Cat. 1857.

B. — H., 0^m,31. — L., 0^m,22.

WOUWERMAN (Philips)

138. — Chasse au cerf.

Des chasseurs à cheval traversent un torrent au galop, poursuivant le cerf arrêté par les chiens sur une éminence. A divers plans, d'autres chasseurs à cheval et à pied. On remarque, derrière les deux cavaliers qui passent le torrent, une gentille petite femme à cheval, tête nue et robe couleur citron.

Signé, en bas, à gauche, du double monogramme.

N° 107 du Cat. 1857.

C. — H., 0^m,27. — L., 0^m,35.

WOUWERMAN (Philips)

139. — Combat de cavaliers, en avant d'un château fort.

Deux groupes principaux : un cavalier, vu de dos, chapeau à plumes, renverse d'un coup de feu un cavalier qui a le sabre en l'air; un autre cavalier casqué et vu de face se défend contre un cavalier renversé qui lui tire un coup de pistolet. Fin et pur.

Signé, en bas, à gauche, du double monogramme.

N° 399 du Cat. 1857.

B. — H., 0^m,34. — L., 0^m,39.

WOUWERMAN (Philips)

140. — Déménagement rustique.

Halte de paysans sur une hauteur, près d'une maison et de deux arbres, au bord d'un fleuve où l'on aperçoit un bateau avec son mât. Un jeune paysan est monté sur un cheval blanc chargé d'ustensiles de ménage. Une paysanne est assise par terre près d'un pèlerin et d'un paysan qui leur parle. Au sommet du monticule, un homme assis tient par la bride un mulet chargé.

Signé, en bas, à droite, du double monogramme.

N° 231 du Cat. 1857, sous le nom de Pieter Wouwerman, mais le monogramme de Philips est décisif.

B. — H., 0^m,48. — L., 0^m,38.

WOUWERMAN (Philips)

141. — Le Maréchal ferrant.

Il est occupé à ferrer un cheval bai que tient un paysan. Près de lui, un petit garçon tenant les outils. En arrière, l'ouverture de la forge avec deux ouvriers. Au milieu, un cheval blanc mange dans un panier qu'un paysan lui présente. Un autre paysan est assis en avant à gauche. Au second plan, une éminence sur laquelle une maison et une femme qui regarde. A gauche, percée sur un horizon lointain. Ciel orageux.

N° 240 du Cat. 1857, sous le nom de Pieter, et comme pendant au précédent.

B. — H., 0ᵐ,32. — L., 0ᵐ,41.

WOUWERMAN (Pieter)

né à Haarlem en 1623, mort en 1683.

Élève de son frère Philips.

142. — Un Camp.

A gauche, des tentes contre des arbres, et des chevaux attachés. Au milieu, un cavalier, des chevaux, des officiers à pied. En avant, à droite, une femme qui puise à un tonneau, des enfants, etc. Au fond, on aperçoit des groupes de soldats.

En bas, à gauche, les initiales : *P. W*.

N° 334 du Cat. 1857.

B. — H., 0ᵐ,30. — L., 0ᵐ,36.

WOUWERMAN (Pieter)

143. — Intérieur de corps de garde.

Dans une grande halle, où entrent des chevaux et des cavaliers, un officier est debout parmi des soldats couchés. A droite, une femme assise, tenant son enfant.

Signé des initiales : *P. W*.

N° 335 du Cat. 1857.

B. — H., 0ᵐ,30. — L., 0ᵐ,45.

WOUWERMAN (École des)

144. — Le Traîneau.

Effet d'hiver.

T. — H., 0^m,35. — L., 0^m,44.

WOUWERMAN (École des)

145. — La Vendange.

Pendant du précédent et portés tous deux comme inconnus au Cat. 1857.

T. — H., 0^m,33. — L., 0^m,47.

WIJCK (Thomas)

né à Haarlem en 1616, mort à Londres en 1686.

146. — L'Alchimiste.

Il prend une fiole sur sa table chargée de pots.
Signé en bas à gauche.

B., — H., 0^m,40. — L., 0^m,29.

WIJCK (Thomas)

147. — Le Géographe.

Assis près d'une fenêtre, il écrit sur une table encombrée de livres.
Il y a aussi une sphère.
Signé en toutes lettres.
Pendant du précédent.
N°s 476 et 479 du Cat. 1857.

B. — H., 0^m,40. — L., 0^m,29.

WIJCK (Thomas)

148. — Port de mer italien.

A gauche, de grands bâtiments; à droite, une tour.
Signé en bas : *T. Wijck*.
N° 368 du Cat. 1857. Plusieurs de ces Thomas Wijck sont notés
dans les Cat. de 1719 et de 1746.

T. — H., 0m,85. — L., 1m,00.

WIJCK (Thomas)

149. — Port italien.

A droite, une haute tour et une série d'édifices au bord de l'eau.
Sur le quai, beaucoup de personnages : un Oriental, un Juif,
des paysans, une jeune dame en robe bleue, descendant d'un
perron, etc. Grande composition très-habile.
Signé : *T. Wijck*.
N° 369 du Cat. 1857.

T. — H., 0m,85. — L., 1m,00.

WIJCK (Thomas)

150. — Halte de paysans, au pied de ruines.

A gauche, la mer.
Signé en toutes lettres.
N° 421 du Cat. 1857.

B. — H., 0m,46. — L., 0m,59.

WIJCK (Thomas)

151. — A la porte de l'hôtellerie.

Beaucoup de figures assises ou couchées.
Signé en toutes lettres.
N° 472 du Cat. 1857.

B. — H., 0m,56. — L., 0m,49.

WIJNTRACK (D.)

Élève et ami de Wijnants.

Il a collaboré avec plusieurs grands artistes hollandais du
XVII° siècle, avec van der Hagen, avec Jan Steen. etc.

152. — Intérieur de ferme hollandaise.

La mère assise donne le sein à son enfant. Un canard plumé dans
un plat, des légumes dans un baquet, un vase en cuivre sur
une chaise. Près de la fenêtre ouverte à gauche, des oiseaux
sur une table. A droite, un chat et un chien près d'un plat de
poissons. Une pie perchée sur la fenêtre.

Les *intérieurs* de Wijntrack sont très-rares et celui-ci est de belle
qualité.

Signé sur la cheminée : *D. Wijntrack* 1649.

N° 336 du Cat. 1857.

B. — H., 0^m,45. — L., 0^m,64.

ÉCOLE FLAMANDE

ALSLOOT (Daniel van)

de Bruxelles.

153. — La Fuite en Égypte.

Figurines dans un paysage d'hiver.
N° 239 du Cat. 1857.

B. — H.. 0^m,30. — L., 0^m,45.

BALEN (Hendrik van)

né à Anvers en 1560. mort à Anvers en 1632.

élève d'Adam van Noort.

ET BRVEGHEL DE VELOURS

154. — Pomone couronnée par les nymphes.

Magnifique guirlande de fruits, de fleurs. de céréales, d'épis, de
branchages, encadrant un médaillon ovale où est représenté le
Couronnement de Pomone par des nymphes et des amours. En
bas de la guirlande circulaire, deux nymphes demi-nues cueil-
lent des fruits, aidées par de petits amours. En haut, voltigent
aussi de petits amours et des oiseaux de toute sorte. Il y a des
singes, des lapins. même un chevreuil, des papillons, des
insectes, etc.

Cette belle et réjouissante peinture dut être célèbre dans les ate-
liers d'Anvers, car on la retrouve plusieurs fois dans les intérieurs d'atelier ou de cabinet, peints par Brveghel, par les Franck
et autres. notamment dans un tableau de la galerie Salamanca.

Il va sans dire que ce frais chef-d'œuvre est décrit dans les Cat. de
1719 et 1746. N° 46 du Cat. 1857.

B. — H., 1^m,10. — L., 0^m,75.

BALEN (Hendrik van)

et BRVEGHEL de velours

155. — Ariane et Bacchus.

Entourés de nymphes, d'amours, de bacchants et de satyres. Ariane, assise sous des arbres en fruits et en fleurs, reçoit des mains de Bacchus des grappes de raisin et des pampres. A droite et à gauche, la vue perce à travers le bois, sur des fonds bleutés. d'une finesse extraordinaire. Les premiers plans sont égayés par des fleurettes de toute sorte, par des fruits, par des guirlandes, par de petits animaux et des oiseaux. Dans les arbres aussi apparaissent de petits oiseaux, des perroquets, des singes, des écureuils. Variété indescriptible.

La délicatesse et le charme de Brveghel de Velours expliquent comment ses tableaux se sont toujours vendus très-cher. On vendait des Brveghel 600 florins au même temps où l'on avait des Rembrandt et des Cuijp à 20 florins.

N° 287 du Cat. 1857.

B. — H., 0^m,65. — L., 0^m,94.

BALEN (Jan van)

né à Anvers en 1611, mort à Anvers en 1654.

Fils et élève de Hendrik.

156. — Madone.

La Vierge, assise, tient sur ses genoux l'enfant Jésus adoré par les anges. A droite, saint Joseph debout. Dans le ciel, gloire d'anges.

N° 212 du Cat. 1857.

B. — H., 0^m,42. — L., 0^m,30.

BERRÉ (JEAN-BAPTISTE)

né à Anvers en 1777, mort en 1828.

A travaillé à Paris, au Jardin des Plantes.

157. — Lionne allaitant ses lionceaux.

Peint sur un plateau ovale.

Signé : *J. B. Berré*, 1809.

H., 0^m,46. — L., 0^m,64.

BOUT (PETER)

de Bruxelles,

seconde moitié du XVIIe siècle,

ET BOUDEWYNS (ANTON FRANS)

né à Bruxelles en 1660, mort en 1700.

158. — Marché de village.

Sur la place d'une église, figures nombreuses et des troupeaux.
A droite, un fleuve.

N° 409 du Cat. 1857.

B. — H., 0^m,33. — L., 0^m,48.

BOUT (PETER)

ET BOUDEWYNS (A. F.)

158 *bis*. — Au bord d'un fleuve.

A droite, le quai, des bâtiments, des figurines très-spirituelles.

Pendant du précédent.

B. — H., 0^m,35. — L., 0^m,49.

BREDAEL (Peter van) le jeune

né à Anvers, mort à Vienne.

Fils de Peter le vieux.

159. — Un Camp.

Près d'une tente, deux officiers polonais (ou hongrois), un trompette éthiopien à cheval et un autre cavalier. Au milieu, deux chevaux couchés, un cheval blanc debout et un cheval alezan: à droite, groupe de paysans. Au second plan, un village et quantité d'épisodes très-fins.

P. van Bredael le jeune, étant au service du prince Eugène de Savoie, a peint beaucoup de ces batailles, qui rappellent parfois celles de Wouwerman.

Signé : *P. V. Bredael. F.*

N° 78 du Cat. 1857, sous le nom de Jacob Frans Bredael.

C. — H., 0^m.40. — L., 0^m,50.

BREDAEL (P. van)

160. — Convoi militaire.

Une charrette attelée de deux chevaux, suivie d'une autre charrette attelée de trois chevaux. En avant, un cavalier en chapeau à plumes et manteau rouge parle à une paysanne tenant son enfant. Dans le fond, le long d'une rivière, arrivent des troupes avec des canons.

Paysage très-fin.

N° 85 du Cat. 1857, aussi sous le nom de Jacob Frans.

C. — H., 0^m,38. — L. 0^m,49.

BREDAEL (P. van)

161. — Paysage.

Deux cavaliers sur un chemin, groupes de paysans, des troupeaux, etc.

B. — H., 0^m,24 — L., 0^m,34.

BREDAEL (P. van)

162. — Départ pour le marché.

Nombreuses figures sur un grand chemin en avant d'un petit
hameau. Très-fin.

Pendant du précédent.

N° 89 du Cat. 1857 sous le nom de Peter van Bredael, ainsi que son
pendant.

Mais les quatre tableaux sont-ils du même Bredael?

B. — H., 0^m,24. — L. 0^m,34

BRVEGHEL (Jan) DE VELOURS

né à Bruxelles en 1568, mort en 1625.

Élève de Goe Kindt.

163. — Convoi de muletiers.

Sur un chemin descendant d'une colline boisée, des mulets chargés,
dont un s'est abattu ; cinq ou six figures de muletiers. A droite,
un fleuve bordé de montagnes d'un bleu très-fin.

Signé en bas : *Brveghel, 1612.*

N° 232 du Cat. 1857.

B. — H., 0^m,36. — L. 0^m,47.

COQUES (Gonzales)

né à Anvers en 1614, mort à Anvers en 1684.

Élève et gendre de D. Ryckaert le vieux.

164. — Banquet d'artistes.

Sept convives devant une table sur laquelle sont des plats d'huîtres,
des pâtés et des volailles. Entrent deux amis qu'ils acclament :
le premier, en bizarre costume de Folie, rayé de rouge et de
blanc, avec des grelots à toutes les pointes des découpures ; on
dit que c'est Gerard Honthorst ; le second, derrière lui, en chapeau noir à grands bords, est assurément Gonzales lui-même.
Les sept convives sont aussi des artistes : on y reconnaît, dit-

on, Brouwer, Ostade, Ryckaert, van Thulden. Au lambris du fond est accroché un tableau de l'histoire romaine : *le Meurtre de César*. A gauche, en avant, un coffret de liqueurs et le gentil petit épagneul que Gonzales affectionnait.

Signé sur le barreau de la chaise : *Konsael*.

Mentionné dans le Cat. de 1746, comme représentant des portraits de peintres d'Anvers. N° 122 du Cat. 1857.

B. — H., 0^m,45. — L., 0^m,72.

CRAYER (Gaspar de)

né à Anvers en 1582, mort à Gand en 1669.

Élève de Raphaël Coxcie.

165. — Saint Antoine mourant.

Il est entouré de religieux de son ordre.

Grande composition, d'un sentiment élevé et d'une exécution savante.

N° 530 du Cat. 1857, comme « de l'école de Rubens. »

T. — H., 2^m,04. — L., 1^m,44.

DIEPENBEECK (Abraham van)

né à Bois-le-Duc en 1607, mort à Anvers en 1675.

Élève de Rubens.

166. — Christ en croix.

La Madeleine agenouillée au pied de la croix. A gauche, la Vierge et saint Jean, debout. A droite, groupe du centurion et des soldats.

Imitation des calvaires de Rubens.

N° 130 du Cat. 1857.

T. — H., 0^m,95. — L. 0^m,65.

DOUFFET (Gérard) ou DUFFEIT

né à Liége en 1594, mort en 1660.

Élève de Rubens.

Il a travaillé en Italie.

167. — Descente de croix.

Figures de grandeur naturelle, dans le style de Rubens.

N° 135 du Cat. 1857.

T. — H., 1ᵐ,18. — L., 1ᵐ.64.

DOUFFET (Gérard)

168. — Le Vœu de Jephté.

Jephté revient à cheval, après la victoire, et sa fille Seila se précipite à sa rencontre. A droite, groupe de musiciens. Composition qui tient à la fois de l'école flamande et un peu de l'école de Rembrandt.

N° 250 du Cat. 1857.

T — H., 0ᵐ,99. — L., 1ᵐ,50.

DYCK (Anton van)

né à Anvers en 1599, mort à Londres en 1641.

Élève de van Balen et de Rubens.

169. — Saint François Xavier au Japon.

Cette riche composition, avec des figures de grandeur naturelle, est décrite comme un van Dyck original dans le Cat. de 1719.

N° 588 du Cat. 1857.

T. — H., 1ᵐ,95. — L. 1ᵐ,37.

DYCK (A. VAN)

170. — Portrait de jeune homme.

Buste de grandeur naturelle, la main droite ramenée en avant. Costume noir.

Nᵒ 303 du Cat. 1857.

B. — H., 0ᵐ,62. — L. 0ᵐ43.

EGMONT (JUSTUS VAN)

né à Leyde en 1602, mort en 1673.

Élève de Rubens.

171. — La Charité romaine.

La jeune femme assise, vue de face, allaite son père couché sur la paille et vu de dos. Effet de lumière : une vieille femme debout, tenant une chandelle. La lumière frappe sur la tête de la belle Romaine et dessine sur la muraille des silhouettes fantastiques. Peinture puissante comme celle de Jordaens. On conçoit bien que Rubens ait beaucoup employé ce van Egmont.

Nᵒ 446 du Cat. 1857.

T. — H., 1ᵐ,53. — L., 1ᵐ,10.

FYT (JAN)

né à Anvers en 1609, mort en 1661.

Élève de Jan van Berch.

172. — Gibier mort.

Gardé par deux chiens, un chien d'arrêt blanc et orangé, et un lévrier gris. Près d'un lièvre, d'un groupe de perdrix, d'une bécasse, sont les instruments de chasse, fusil, gibecière, corne à poudre, etc. Le paysage est attribué à J. Cossiau, mais Cossiau n'est pas de cette force-là.

Nᵒ 347 du Cat. 1857.

T. — H., 1ᵐ,10. — L., 1ᵐ,50.

FYT (Jan)

173. — Combat d'un coq et d'un dindon.

Sur une éminence, près d'un tronc d'arbre, un superbe coq, palpitant des ailes et de la queue, renverse le dindon qu'il a saisi par la crête. Trois poules effarées se sauvent. Peinture magistrale, d'un mouvement énergique et d'une couleur originale.

Signé, à droite, sur un grand vase : *Ioannes Fyt*.

N° 344 du Cat. 1857.

T. — H., 1ᵐ,64. — L., 1ᵐ,10.

FYT (Jan)

174. — Gibier mort.

Un lièvre pendu par la patte, deux perdrix, un panier de fruits et de raisins, sur une table couverte d'un tapis vert. Un chat et un chien regardent. Très-clair, et de fine qualité.

N° 322 du Cat. 1857.

T. — H., 0ᵐ,70. — L., 0ᵐ,95.

FRANCK (Frans) le jeune

né à Anvers en 1581, mort en 1682.

Fils et élève de Frans le vieux.

175. — Adoration des Rois.

C. — H., 0ᵐ,39. — L., 0ᵐ,30.

FRANCK (Frans) le jeune

176. — Adoration des Bergers.

Pendant à l'*Adoration des Rois*. Également sur cuivre, et mêmes dimensions.

FRANCK (Frans) le jeune

177. — L'Apôtre Saint-Paul à Lystra.

Sacrifice aux faux dieux : l'autel, le grand prêtre, la foule. Belle architecture, très-riche composition.

Signé. en bas, à droite : *D. FFranck, in.* A° 1632.

N° 499 du Cat. 1857.

B. — H.. 0^m,45. — L., 0^m,80.

FRANCK (Frans) le jeune

178. — L'Annonciation aux bergers.

Dans le ciel, des gloires d'anges portant des banderoles, avec musique et paroles. Effet de lumière fantastique sur le centre du paysage.

N° 194 du Cat. 1857.

B. — H., 0^m,42. — L., 0^m,66.

GELDORP (Gortzius)

né à Louvain en 1553, mort à Cologne en 1618 (?).

Élève de Frans Francken le vieux, et de Frans Pourbus le vieux.

179. — Portrait d'homme.

Tête nue. Grande collerette blanche; riche costume garni de fourrures. Les deux mains en avant. Buste de grandeur naturelle. Très-beau.

Signé en haut : A^o 1597. *Ætatis* 34. GG.

N° 282 du Cat. 1857.

B. — H., 0^m,76. — L., 0^m,63.

GELDORP (Gortzius)

180. — Portrait de jeune femme.

A mi-corps, grandeur naturelle. La main gauche, fine et délicieuse, est étendue sur le bord d'une table à tapis vert ; la main droite contre le corsage. Cornette et collerette ; riche costume en soie bleutée, avec garnitures de fourrures.

Pendant du précédent.

Signé : Aⁿᵒ 1597. *Ætatis* 27. GG.

Nᵒ 288 du Cat. 1857.

B. — H., 0ᵐ88., — L., 0ᵐ,75.

GELDORP (Gortzius)

181. — Portrait de femme.

Debout, grandeur naturelle, à mi-corps, la main gauche posée sur une table à tapis vert, la droite contre la taille. Cornette et collerette blanches, costume noir. Chaîne d'or autour de la taille.

Signé : A° 1613. *Ætatis suæ* 40. GG. F.

Nᵒ 294 du Cat. 1857.

B. — H., 1ᵐ,00. — L., 0ᵐ,75.

HAMILTON (Philip Ferdinand van)

né à Bruxelles en 1664, mort à Vienne en 1750.

Fils de Jacques, venu d'Écosse.

182. — Insectes et plantes.

Serpent, lézard, colimaçons, chenilles, papillons, etc.

Nᵒ 353 du Cat. 1857.

B. — H., 0ᵐ,40. — L., 0ᵐ,29.

HAMILTON (P. F. VAN)

183. — La Vipère.

Drame entre vipère, lézard, insectes, papillons, autour d'un buisson, au pied d'un tronc d'arbre.

Pendant du précédent.

N° 350 du Cat. 1857.

B. — H., 0m,40. — L., 0m,29.

HAMILTON (JAN GEORG VAN)

né à Bruxelles en 1666, mort à Vienne en 1740.

Frère de Philip Ferdinand.

184. — Portrait d'un duc de Bavière, à cheval.

Vu de profil sur un cheval noir qui se cabre. Fond de parc, avec de l'architecture, un obélisque supporté par un éléphant. Au premier plan, des fragments d'architecture, bas-reliefs, etc.

Ce tableau et les deux tableaux du frère Ferdinand doivent avoir été peints pour les comtes de Schönborn, car ils sont notés dans les Cat. de 1719 et de 1746.

T. — H., 0m,92. — L., 0m,72.

HOECKE (JAN VAN DEN)

né à Anvers en 1598, mort en 1651.

Élève de Rubens.

185. — Pastorale.

Une jeune et charmante femme, en robe de satin, chapeau à plumes, tient une houlette à la manière d'une bergère. Ses longs cheveux blonds sont épars sur les épaules. Un jeune homme, toque rouge à plumes et manteau vert, lui met la main sur l'épaule. Figures de grandeur naturelle, vues jusqu'aux genoux.

Très-belle imitation de Rubens.

N° 467 du Cat. 1857.

T. — H., 1m,18. — L., 0m,96.

HOECKE (J. VAN DEN)

186. — Abraham et les trois anges.

Figures entières, de grandeur naturelle. Superbe tableau de musée,
pour représenter cet excellent maître, un des plus habiles
sectateurs de Rubens.

N° 544 du Cat. 1857.

T. — H. 1ᵐ,95. — L., 2ᵐ,37.

HUYSMANS (CORNELIS)

né à Anvers en 1648, mort en 1727 à Malines.

C'est pourquoi sans doute on l'appelle Huysmans de Malines.

187. — Paysage.

En avant, une rivière sur laquelle on lance un bateau ; plus loin,
une ferme, et des fonds bleutés.

N° 380 du Cat. 1857.

B. — H.. 0ᵐ,27. — L., 0ᵐ.68.

JORDAENS (JACOB)

né à Anvers en 1593, mort en 1678. Élève et gendre d'Adam
van Noort.

188. — La Fête des Rois.

Au milieu de la table, le vieux roi, vu de face, lève son verre.
Derrière lui, debout, le Fou d'Anvers, les bras en l'air. À droite,
groupe de femmes, avec des enfants, un joueur de cornemuse,
etc. A gauche, une femme qu'on embrasse, un homme qui
verse du vin dans un verre, etc. Vingt-cinq personnages, de
grandeur naturelle.

Au milieu, en avant, grand rafraichissoir plein de vases, un panier
avec des plats, un enfant, un chien, un chat. Jordaens a souvent
peint ce sujet de la Fête des Rois, mais ce tableau-ci est le
plus important de toutes ses compositions du même genre.
Magnifique décoration pour un château.

Noté, ainsi que le suivant, dans les Cat. de 1719 et de 1746. N° 583
du Cat. 1857.

T. — H., 2ᵐ,60. — L., 2ᵐ,82.

JORDAENS (Jacob)

189. — Portrait de sa femme, Catharina van Noort.

Accoudée à une fenêtre, le bras gauche posé sur une corbeille. Grand chapeau rouge à plumes et à fleurs. De face. Grandeur naturelle.

N° 429 du Cat. 1857.

T. — H., 0^m,78. — L., 0^m,60.

JORDAENS (Jacob)

190. — Bacchanale.

Bacchantes et bacchants, faunes, faunesses et enfants. C'est la riche composition qui est au musée de Bruxelles, n° 217, sous le titre : *Allégorie de la fécondité.*

Porté au Cat. 1857, n° 413, comme original de Jordaens et de Snyders.

T. — H., 1^m,93. — L., 2^m,78.

KESSEL (Jan van) le vieux

né à Anvers en 1626, mort en 1678 (?).
Fils de Jérôme.

191. — Des Poissons.

Dans des baquets sont entassés des poissons de mer, des crabes, etc. Un gros poisson vert-émeraude est posé sur un seau en métal. En arrière, une loutre jetée sur un tonneau. A gauche, un fleuve, une maison, des pêcheurs, etc. Cette peinture ressemble autant à Jacob van Es qu'à van Kessel, mais on distingue en bas, à droite, des initiales *J. K.*, et le tableau est porté à van Kessel dans le Cat. de 1857, n° 339.

T. — H., 1^m,20. — L., 1^{m}57.

LAANEN (Jacob van der)

Franc maître de la guilde de Saint-Luc, à Anvers, en 1605.

192. — Intérieur de corps de garde.

A gauche, groupe jouant au trictrac; un officier assis, chapeau à
plumes, manteau rouge, cause avec un vieillard à barbe blanche.
Trois autres personnages. A droite, au fond, des fumeurs près
d'une cheminée, et, en avant, des armures et des ustensiles de
cuisine.

Ce maître est rare.

Signé : *J. v. Laanen.*

N° 395 du Cat. 1857.

B. — H., 0^m,32. — L.. 0^m,45.

MABUSE (École de)

Jean Gossaert, dit de Mabuse, ou de Maubeuge, né en 1470
à Maubeuge, mort en 1532.

193. — Volets d'un triptyque.

Sur le volet de gauche, la Vierge tenant le petit Jésus à qui elle
offre une fleur.

Sur le volet droit, les donateurs, un homme et une femme, mains
jointes.

Date 1518 et monogr. *H. D.*

N°s 222 et 223 du Cat. 1857, comme « école de Holbein. »

B. — H., 0^m,53. — L., 0^m,27.

MEULEN (Anton Frans van der)

né à Bruxelles en 1634, mort à Paris en 1690,
Élève de Peter Snayers.

194. — Départ pour la chasse.

Sur la grande route, en avant d'un beau paysage, est arrêté un
carrosse à six chevaux blancs, richement harnachés. Des
gentilshommes à cheval viennent saluer à la portière les deux

personnages assis dans le carrosse; en arrière, des pages à
cheval. A droite, un piqueur assis sur un talus, et entouré de
chiens de chasse. Le paysage, excellemment peint, est très-
accidenté ; à gauche, monticule, avec des arbres élégants; à
droite, une rivière, des collines et des fonds bleus.

C'est une des plus belles peintures de van der Meulen.

Signé en bas, à droite, sur le terrain : *A. F. v. Meulen. Fec.* 1662.
Brvxel.

Décrit dans le Cat. de 1719, qui donne le titre du personnage principal « in der Kutsch des alten Herzogs von Lotharingen.. »

N° 72 du Cat. 1857.

T. — H., 0^m,59. — L., 0^m,80.

MEULEN (A. F. VAN DER)

195. — Grande Bataille.

Groupe principal d'un officier en casaque rouge, renversé de son
cheval pie, un autre officier sur cheval isabelle, un cheval
blanc et un cavalier terrassés. A gauche, en avant, combat de
deux soldats, et des cavaliers arrivant au galop. A droite et
dans le fond, autres épisodes de la bataille, le long d'une
rivière traversée par un pont. Paysage très-étendu et très-fin.

Signé, en bas, à droite : *A. F. v. Meulen.*

Noté dans le Cat. de 1719. N° 528 du Cat. 1857.

T. — H., 0^m,82. — L., 1^m,19.

MICHAU (THEOBALD)

né à Tournai en 1676, mort à Anvers en 1755.

196. — Départ pour le marché.

En avant, sur un grand chemin, une paysanne conduisant un âne
chargé de légumes, une autre paysanne conduisant des vaches;
plusieurs groupes d'autres campagnards. Beau paysage arrosé
par une rivière au second plan. Fonds très-pittoresques, d'un
ton bleuté.

N° 433 du Cat. 1857.

T. — H., 1^m,20. — L., 0^m,98.

NEEFS (Peter) le vieux

né à Anvers 1570 (?), mort en 1661 (?).

Élève de Hendrik van Steenwyck.

197. — Intérieur d'une église d'Anvers.

Procession de figurines, par Frans Franck, le jeune.

Signé : *Peeter Neefs*.

N° 235 du Cat. 1857.

T. — H., 0^m,46. — L., 0^m,62.

NEEFS (Peter) le vieux

198. — Intérieur d'église.

Figures, par Frans Franck.

Pendant du précédent.

Signé sur un pilier : *Di FFranck*.

T. — H., 0^m,47. — L., 0^m,62.

NEEFS (Peter) le vieux

199. — Intérieur de la nouvelle église à Anvers.

Quantité de figurines attribuées à Teniers. Elles paraissent plutôt d'un des Franck.

Signé sur un pilier : *Peeter Neeffs*. Au-dessus est écrit ; *Antwerp nieu Kerk*.

Ces trois Peter Neefs sont de fine qualité et de parfaite conservation.

B. — H., 0^m,33. — L., 0^m,54.

PATENIER (Joachim)

né à Dinant vers 1490, reçu dans la guilde d'Anvers en 1515,
mort vers 1548 (?).

200. — Visite au tombeau de J.-C.

Au milieu, en avant, sous la voûte du tombeau, cinq personnages
agenouillés. Sept autres figures. Fond de paysage très-fin, avec
la ville de Jérusalem, de l'eau et des montagnes. Dans le ciel
apparaissent la Vierge soutenue par les anges, le Père éternel et
le Christ. Deux médaillons occupent les angles du haut cintré.
Ce tableau précieux et curieux pourrait être fait en collaboration
de Hendrik met de Bles avec son ami Patenier.
N° 134 du Cat. 1857, comme inconnu.

B. — H., 0^m,62. — L., 0^m,60.

POVRBUS (Frans) le fils

né à Anvers en 1570, mort à Paris en 1622.
Élève de son père Frans Povrbus le vieux.

201. — Portrait d'homme.

Debout, presque de face, de grandeur naturelle, vu jusqu'aux
genoux. Tête nue, cheveux courts, grisonnants, moustache et
barbiche. Collerette tuyautée. Costume noir en velours, avec un
liséré de fourrure. Manchettes tuyautées comme la collerette.
La main gauche appuyée sur la hanche, la main droite tenant
des gants de daim. A gauche, en arrière, une table à tapis vert
uni. Fond gris clair.
Chef-d'œuvre de vérité et d'expression.
Signé : *F. Povrbus fil. Fr. fecit : An° Dqi 1591, Ætatis suæ 56.*
C'est en cette année 1591 que le jeune Povrbus, âgé de vingt et un
ans, si la date de sa naissance est exactement donnée par les
biographes, fut reçu franc maître dans la guilde de Saint-Luc
d'Anvers.
Décrit dans le Cat. de 1719. N° 532 du Cat. 1857.

B. — H., 1^m,00. — L., 0^m,75.

POVRBUS (FRANS) le fils

202. — Portrait de femme.

Vue de face, jusqu'aux genoux ; la main gauche appuyée sur l'angle d'une table à tapis vert. La main droite, ramenée en avant, tient des gants. Cornette empesée et recouverte de noir, collerette tuyautée, costume noir bordé de fourrure.

En haut est écrit : *Ano Dni* 1591, et à droite, *Ætatis suæ* 54.

Également noté dans le Cat. de 1719. Nº 538 du Cat. 1857.

Pendant du précédent et mêmes dimensions.

RUBENS (PETER PAULUS)

né à Siegen en 1577, mort à Anvers en 1640.

Élève d'Adam van Noort et d'Otto van Veen.

203. — La Charité.

Femme brune, rappelant le type de la première femme de Rubens, Isabelle Brant, assise par terre, le coude appuyé sur un fût de colonne. Robe rouge, laissant voir un sein, linge blanc descendant de la tête en écharpe sur la poitrine. Un enfant qu'elle tient sur ses genoux et un autre enfant renversé contre elle jouent ensemble avec une grappe de raisin. Un enfant, debout, s'appuie contre le bras droit de la mère féconde, et un autre enfant se penche pour l'embrasser. En avant, un petit épagneul aboie contre les traînes de la robe.

Tous ces enfants blonds et nus sont délicieux. La figure de la femme a cette grandeur protectrice des madones de Michel-Ange et de la *Charité* d'Andrea del Sarto, au musée du Louvre.

Ce chef-d'œuvre lumineux doit avoir été peint un peu après le mariage de Rubens avec Isabelle (1609), vers le même temps que la célèbre *Descente de croix*, de la cathédrale d'Anvers.

Noté dans le Cat. de 1746.

B. — H., 1m,40. — L., 1m,25.

RUBENS (P. P.)

204. — Saint François d'Assise.

Il tient entre ses bras un crucifix. Figure de grandeur naturelle : à mi-corps. Superbe exécution dans la plus grande manière de Rubens. Le style et la couleur rappellent le chef-d'œuvre du musée d'Anvers, la *Communion de saint François*, peinte en 1629.

Noté dans le Cat. de 1719. N° 123 du Cat. 1857.

B. — H., 1m,11. — L., 0m,80.

RUBENS (P. P.)

205. — Vision de saint Ignace.

Le Christ portant sa croix et le Père éternel en manteau jaune descendent du ciel sur un nuage et apparaissent devant saint Ignace prosterné sous de hautes colonnes. A droite, au loin, on aperçoit une grande ville. Figures au tiers de la grandeur naturelle.

Très-belle qualité, mais d'une date postérieure, à peu près vers l'époque de la *Sainte Thérèse* du musée d'Anvers.

Noté dans le Cat. de 1719.

T. — H., 1m,50. — L., 0m,90.

RUBENS (P. P.)

206. — Le roi David jouant de la harpe.

De profil, à mi-corps, de grandeur naturelle. Cheveux blancs et longue barbe blanche. Riche manteau couleur d'or, pèlerine de fourrure blanche sur laquelle passe un double collier de pierreries. Couleur très-harmonieuse. Dans la manière tendre de Rubens.

Décrit dans le Cat. de 1719. N° 546 du Cat. 1857.

B. — H., 0m,85. — L., 0m,70.

RUBENS (P. P.)

207. — Adoration des Mages.

Superbe esquisse de la grande *Adoration* qui est dans une église de Belgique. A droite, la Vierge debout, en robe lilas, présente l'Enfant à un des rois agenouillés, qui offre une couronne. En face, debout, le grand mage éthiopien en turban, avec une robe rosâtre et un manteau doublé de fourrure. A gauche, le troisième mage en draperies blanches. Au fond, des cavaliers, des chameaux montés par des esclaves.

Le mage éthiopien est le même que dans la magnifique *Adoration* du musée d'Anvers.

N° 575 du Cat. 1857.

B. — H.. 0^m,65. — L.. 0^m,47.

RUBENS (P. P.)

208. — Étude de quatre têtes de nègres.

Dans des poses et avec des expressions différentes. Grandeur naturelle.

Prodige de peinture.

Noté dans le Cat. de 1719, sous le nom de van Dyck. N° 432 du Cat. 1857, restitué à Rubens, avec le titre : *Les Quatre Tempéraments.*

B. — H., 0^m,47. — L., 0^m,61.

RUBENS (P. P.)

209. — Sainte Famille dans un médaillon octogone.

La Vierge, assise et vue jusqu'à mi-jambes, tient sur ses genoux l'enfant Jésus que vient adorer saint Jean. En arrière, sainte Anne les contemple, et, à l'angle du haut, saint Joseph avance sa tête. Fond de ciel.

Le médaillon est entouré d'une guirlande des plus fines fleurs, par
Brveghel de Velours.

Ce bijou délicieux doit être aussi de 1515 à 1520. La *Sainte Famille*,
par la fraîcheur du coloris, rappelle la magnifique *Sainte Famille*
de la galerie Boursault, aujourd'hui chez lord Hertford.

Noté dans le Cat. de 1719. N° 618 du Cat. 1857.

B. — H., 0'''.68. — L., 0''',53.

RUBENS (P. P.)

210.   Pan poursuivant Syrinx.

La nymphe demi-nue se précipite hors des roseaux, poursuivie par
le satyre. Elle n'a qu'une tunique rosâtre et un voile blanc.
Cette figure de femme est d'un élan, d'une finesse, d'une qualité
extraordinaires. A gauche, l'eau semée de nénuphars et de fleurettes, avec des canards, des hérons, des bécassines, un martin-
pêcheur, et tout un fond de paysage exquis, jusqu'à l'horizon
lointain. Le paysage et les accessoires, par Brveghel de Velours,
ont plus d'ampleur et de solidité que dans les tableaux où Brveghel
a travaillé tout seul. Cette collaboration de Brveghel indique
encore une date approximative : 1615, et peut-être auparavant.

B. — H., 0'''.58. — L., 0''',95.

RYCKAERT (David) le jeune

né à Anvers en 1612, mort en 1661.

Troisième fils de David le vieux.

211.   Concert.

Assemblée de musiciens sous un portique. Au milieu, une femme
assise de face, en robe de satin blanc, pince de la guitare;
à gauche, un gentilhomme joue du violoncelle; un autre
homme accompagne sur la mandoline, une femme pince de la
harpe, une autre touche du piano. Très-soigné. Une des œuvres
importantes de ce maître.

T. — H., 1''',00. — L., 1''',25.

SCHOEVAERDTS (Mathieu)

de Bruxelles.

Seconde moitié du xviie siècle.

212. — Fête villageoise.

Figures innombrables, sur les deux bords d'un fleuve traversé au
second plan par un pont. Quantité de barques sur le fleuve.
Beau paysage. Tableau de premier ordre pour le maître.
Signé : *M. Schoevaerdts f.*

B. — H., 0^m,59. — L., 0^m,77.

SCHOONIANS (Anton)

né à Anvers en 1650, mort à Cologne en 1717.

Peintre de l'empereur Léopold, puis de l'électeur Jean-Guillaume.

213. — Cléopâtre.

Elle fait dissoudre la perle dans un vase d'or. Buste de grandeur
naturelle.
Signé en bas, à gauche : *An. Schoonians, S. C. M. C. P. Pinxit,* 1706.

T. — H., 0^m,00. — L., 0^m,00.

SCHUT (Cornelis)

né à Anvers en 1597, mort en 1655.

Élève de Rubens.

214. — Institution de l'ordre des Jésuites.

Saint Ignace et plusieurs frères jésuites, agenouillés devant le
pape et les cardinaux, reçoivent la bulle de l'institution de
l'ordre.
N° 531 du Cat. 1857.

T. — H., 1^m,93. — L., 1^m,38.

SEGHERS (DANIEL)

né à Anvers en 1590, mort à Anvers en 1661.

Élève de Brveghel de Velours.

215. — Guirlande de fleurs, entourant un médaillon.

La Vierge, de profil, tient le petit Jésus adoré par saint Jean.
Le médaillon, par C. Schut.
Les fleurs de Seghers sont exquises.
Signé : *D. Seghers. Soc^{tis} Jesu.*
N° 295 du Cat. 1857.

B. — H., 0^m,67. — L.. 0^m,55.

SEGHERS (DANIEL)

216. — Guirlande de fleurs.

Au centre, un médaillon par C. Schut. représentant la Vierge avec son enfant, dans une niche.
Pendant du précédent.
N° 277 du Cat. 1857.

B. — H.. 0^m,66. — L., 0^m,55.

SEGHERS (GERARD)

né à Anvers en 1591, mort en 1651.

Élève de van Balen et de A. Janssens.

217. — Adoration des Mages.

Grande et riche composition, d'une abondance tout à fait rubenesque.
N° 632 du Cat. 1857, sous le nom de Huysmann.

T. — H., 1^m,90. — L., 1^m,39.

SEGHERS (Gerard)

218. — Société faisant de la musique.

Un gentilhomme debout, en manteau rouge et chapeau à plumes, parle amoureusement à une dame en robe bleue décolletée. A gauche, un homme pinçant de la guitare. A droite, une jeune femme. En avant, par terre, un violon et des cahiers de musique. Peinture très-cavalière, d'une couleur superbe. Est-elle de Gerard Seghers, à qui l'attribue le Cat. 1857, n° 579.?

H.. 0ᵐ,48. — L.. 0ᵐ,62.

SEGHERS (Hercules)

d'Utrecht.

Première moitié du xviiᵉ siècle.

219. — Rendez-vous d'officiers à cheval.

Au bord d'une forêt. Groupe principal, au milieu, sept cavaliers. A droite et à gauche, d'autres officiers préparent leurs armes. On aperçoit des vedettes dans le lointain.

Cet excellent peintre, presque inconnu aujourd'hui, fut très-estimé de Rubens et de Rembrandt, qui avaient, dans leur collection, des tableaux de Hercules Seghers (voir le Cat. mortuaire de Rubens et l'Inventaire de Rembrandt en 1656). Il paraît que ce brave artiste eut tous les malheurs et qu'il finit par se tuer.

Nᵒ 394 du Cat. 1857.

B. — H., 0ᵐ,66. L., 0ᵐ,90.

SIBERECHTS (Jan)

né à Anvers en 1627, mort en Angleterre, au commencement du xviiiᵉ siècle.

220. — Bergerie.

Paysanne assise et gardant ses vaches. Près d'elle, les vases pour traire. Deux vaches noires. Au seco d .an, d'autres vaches, et au fond, vue d'une ville. Très-bonne peinture.

Signé : *J. Siberechts f. 1666.*

T. — H., 1ᵐ,05. — L., 0ᵐ,78.

SNYDERS (Frans)

né à Anvers en 1579, mort en 1657.
Élève de van Balen.

221. — Chasse au sanglier.

Près d'un gros tronc d'arbre, un sanglier monstrueux fait tête aux
chiens. Un grand lévrier, grimpé sur son dos, le tient par l'oreille.
Deux autres lévriers l'ont saisi par le train de derrière. A gauche
trois chiens, à droite deux chiens renversés.

T. — H., 1m,95. — L., 3m,37.

SNYDERS (Frans)

222. — Chasse au cerf.

Deux cerfs, chassés par sept chiens. Grande composition faisant
à peu près pendant à la *Chasse à l'ours*.
N° 572 du Cat. 1857.

T. — H., 1m,67. — L., 2m,77.

SNYDERS (Frans)

223. — Des fruits.

Panier de fruits, raisins, pêches, prunes; assiette de fraises; un
vase d'or renversé sur une table couverte d'un tapis rouge.
Deux singes viennent jouer avec les fruits du panier. Très-lumi-
neux et très-spirituel.
N° 333 du Cat. 1857.

T. — H., 0m,70. — L., 0m,95.

SUSTERMANS (Jan)

Peignait à Vienne en 1650. Frère et élève de Justus Sustermans, né
à Anvers en 1597.

224. — Didon et Énée.

Figures de grandeur naturelle.
N° 367 du Cat. 1857.

T. — H., 1m,50. — L., 1m,88.

TENIERS (DAVID) le jeune

né à Anvers en 1610, mort en 1690 (?)

Élève de son père, David le vieux.

225. — La Galerie de l'archiduc Albert à Bruxelles.

Teniers lui-même montre à un gentilhomme un tableau que tient un page. En avant, un petit épagneul, et, par terre, un globe, des livres, etc. Tous les petits tableaux accrochés aux lambris sont reconnaissables : Rubens, van Uden, van der Meulen, Teniers, etc. Qualité délicieuse.

Ce Teniers et les trois suivants sont décrits dans les Cat. de 1719 et de 1746. N° 537 du Cat. 1857.

C. — H., 0^m,40. — L., 0^m,50.

TENIERS (DAVID) le jeune

226. — Le Fumeur.

Jeune paysan assis près d'un tonneau renversé, sur lequel un réchaud et un verre de bière. Près de lui, par terre, une grande cruche. En arrière, un homme vu de dos. A droite, en une pièce reculée, cinq fumeurs près de la cheminée. En avant, un plat de moules et un chien noir, couché et endormi.

Signé en toutes lettres.

N° 366 du Cat. 1857.

B. — H., 0^m,33. — L., 0^m,46.

TENIERS (DAVID) le jeune

227. — Saint Jérôme dans le désert.

Il est assis au pied d'un rocher et il lit dans un grand livre. Il porte la robe rouge, et son chapeau rouge est accroché à un clou contre le roc. Près de lui une tête de mort, un sablier et des livres ouverts. A droite, par une échappée de paysage, on aperçoit un lion au bord d'un torrent. Fin, blond.

Signé : *D. Teniers f.*

N° 140 du Cat. 1857.

B. — H., 0^m,37. — L., 0^m,29.

TENIERS (DAVID) le jeune

228. — Intérieur d'estaminet.

A gauche, deux paysans jouent aux cartes: groupe de dix figures. A droite, en recul, devant une cheminée, deux femmes assises dont l'une tient son baby; et plusieurs autres figures. Nombreux accessoires. Composition presque pareille à celle d'un des Teniers du Louvre. Celui-ci est-il une répétition? Il est noté dans le Cat. de 1719, comme Teniers original.

Signé à gauche, en bas.

N° 514 du Cat. 1857.

T. — H.. 0ᵐ,60. — L.. 0ᵐ,90.

THULDEN (THEODOR VAN)

né à Bois-le-Duc en 1607, mort en 1676.

Élève de Rubens.

229. — La Reine Roxane.

Elle couronne le jardinier Adolonius agenouillé devant elle et qui lui a présenté un panier de légumes. A gauche, par terre, des vases, des plats et les plus magnifiques produits de l'orfévrerie. Sur une table, un coffret, des bijoux, etc. Est-ce une allégorie de la prééminence de l'agriculture sur les arts? Fond d'architecture avec bas-reliefs. A droite, une percée de paysage. Figures entières, de grandeur naturelle. On dit que tous ces riches accessoires sont de Kalf.

Décrit dans le Cat. de 1719. N° 381 du Cat. 1857.

T. — H., 2ᵐ,03. — L.. 2ᵐ,61.

TYSSENS (PETER)

né à Anvers en 1616, mort en 1678(?)

230. — Armide et Renaud.

Armide enguirlande de fleurs Renaud endormi. Deux amours. A gauche, une nymphe vue de dos, dans la mer. Figures entières, de grandeur naturelle. Influence de Rubens et de Crayer.

N° 401 du Cat. 1857.

T. — H., 2ᵐ,08. — L.. 2ᵐ,35.

VERELST (Simon)

né à Anvers (?) en 1664, mort à Londres.

231. — Vase de fleurs.

Sur une console, un vase avec des roses, des soucis, des tulipes, etc.
Signé sur la console : *S. Verelst f.*
N° 284 du Cat. 1857.

T. — H.. 0ᵐ,60. — L.. 0ᵐ,48.

VOS (d'après Cornelis de) (?)

1581-1651.

232. — Portrait de jeune femme en buste.

Daté 1617.
N° 298 du Cat. 1857, comme van Dyck.

B. — H.. 0ᵐ,58. — L.. 0ᵐ, 50.

VOS (Paul de)
et QUELLIN (Erasme)

né à Anvers en 1607, mort en 1678.
Élève de Rubens.

Première moitié du xvnⁿ siècle. Élève de D. Remeeus.

233. — Chasse au cerf.

Diane et ses nymphes à la chasse. Figures entières, de demi-pro-
portion. Les animaux sont attribués à de Vos et les figures à
à Erasme Quellin.
N° 450 du Cat. 1857.

T. — H., 1ᵐ,36. — L.. 2ᵐ,30.

ÉCOLE ALLEMANDE

BOCKHORST (JAN VAN)
dit *Langen Jan* (JEAN LE LONG)

né à Münster, en Westphalie, vers 1610, mort à Anvers en 1668.

Élève de Jordaens.

En 1635, reçu franc maître de la corporation de Saint-Luc. à
Anvers.

234. — Portrait d'homme.

Debout, de face, à mi-corps, grandeur naturelle.

De la main droite il tient un plateau sur lequel est un verre: la
main gauche contre la hanche. Tête nue, calotte noire, cheveux
grisonnants, moustache et barbiche, costume noir.

En haut est écrit : *Ætatis suæ* 76. Aº 1657.

Superbe portrait qui rappelle à la fois Jordaens et Frans Hals.

Nº 285 du Cat. 1857.

T. — H., 0ᵐ,98. — L., 0ᵐ,83.

BOCKHORST (JAN VAN)

235. — Portrait de femme.

A mi-corps, presque de profil à gauche, le coude sur l'appui d'une
fenêtre. Robe noire, décolletée, guimpe blanche.

En arrière, un gentilhomme, également de profil.

Peinture aussi attrayante qu'une peinture de van Dyck.

Nº 56 du Cat. 1857.

T. — H., 0ᵐ,85. — L., 0ᵐ,69.

BRANDEL (Peter)

né à Prague en 1660, mort en 1739.

Élève de Schröder.

236. — Portrait de jeune homme.

Avec toque à plumes. Buste de grandeur naturelle. On y sent la recherche de Rembrandt.

T. — H., 0^m,66. — L., 0^m,56.

CRANACH (Lucas Sunder dit) le vieux

né à Cranach, près de Bamberg, en 1472, mort en 1553.

Élève de son père.

237. — Laissez venir à moi les petits enfants.

Au milieu, le Christ tenant sur sa main un petit enfant qu'il embrasse. A droite et à gauche, des femmes portant de petits enfants. Au coin gauche, les disciples du Christ. Vingt-cinq figures. Tableau très-important dans l'œuvre du maître.
Noté au Cat. de 1719. N° 210 du Cat. 1857.

B. — H., 0^m,83. — L., 1^m,10.

CRANACH le vieux

238. — Lucrèce.

Debout et toute nue, sauf un voile qui tombe des épaules jusque sur les pieds, en laissant transparaître les formes. La main droite porte contre le sein la pointe de l'épée ; le bras droit est replié sur la tête. Fond de rideau pourpre. Très-beau.
Signé du petit serpent. A gauche, deux vers allemands.
Noté au Cat. de 1719. N° 268 du Cat. 1857.

B. — H., 0^m,83. — L., 0^m,56.

DÜRER (ALBRECHT)

né à Nürnberg en 1471, mort en 1528.

Élève de Wohlgemuth.

239. — Portrait du sénateur Muffel, de Nürnberg.

En buste, de grandeur naturelle. La tête de trois quarts à gauche. Toque avec des filets d'or ; collerette ouverte, laissant voir le cou ; pelisse garnie de fourrures. Fond d'azur intense. Le buste est coupé à mi-poitrine.

Signé du monogr. de *Dürer* au-dessous de l'inscription : *.Etatis suæ. anno* LX. *Salutis vero* M. D. XXVI *D. F.*

Le grand peintre a mis dans cette tête puissante, dans cette physionomie concentrée. un caractère extraordinaire. Les yeux fixes et pénétrants arrêtent et commandent. Ce sénateur Muffel — si c'est le sénateur Muffel? — dut avoir de l'influence sur ses concitoyens.

Noté dans le Cat. de 1719 : « Une tête d'homme, où l'on voit tous les pores, très-artistement peinte. » — Nº 98 du Cat. 1857.

Ce chef-d'œuvre est sans doute le tableau le plus rare de la collection, et il serait digne d'être au Louvre à côté de l'Antonello.

B. — H., 0ᵐ,48. — L., 0ᵐ,37.

ELZHEIMER (ADAM)

né à Francfort-sur-Mein en 1574, mort à Rome en 1620.

Élève de P. Uffenbach.

240. — La Vierge, l'Enfant et saint Jean.

Paysage. Effet de nuit.

Noté au Cat. de 1719. Nº 534 du Cat. 1857.

B. — H., 0ᵐ,18. — L., 0ᵐ,23.

ERMELS (JOHANN FRANZ)

né en 1641, près de Cologne, mort en 1693.

Élève de J. Hulsmann.

241. — Vue du Campo Vaccino à Rome.

Au milieu, ruines avec colonnes cannelées. A gauche, vue de Rome. A droite, groupe d'arbres.

Signé : *J. F. Ermels fecit 1665.*

Noté au Cat. de 1719. N° 362 du Cat. 1857.

T. — H., 0m,37. — L., 0m,42.

FERG (FRANZ DE PAULE)

né à Vienne en 1689, mort en 1740.

Élève de son père.

242. — Chasse au sanglier.

Des cavaliers, des piqueurs et la meute de chiens cernent le sanglier. A droite, groupe de chasseurs à cheval sonnant de la trompe ou tenant des piques. Une jeune chasseresse en robe verte galope vers le sanglier. Beau paysage d'intérieur de forêt.

N° 327 du Cat. 1857.

C. — H., 0m,32. — L., 0m,39.

FERG (F. DE PAULE)

243. — Chasse au cerf.

Pendant du précédent.

N° 320 du Cat. 1857.

C. — H., 0m,36. — L., 0m,40.

FRIES (JOHANN CONRAD)

né en Suisse vers 1620, mort en 1693.

Élève de S. Hoffman.

244. — Portrait d'homme.

En buste, grandeur naturelle. Costume noir. Physionomie très-fine.
N° 292 du Cat. 1857.

T. — H., 0ᵐ,71. — L., 0ᵐ,55.

FRIES (J. C.)

245. — Portrait d'homme.

Buste, de grandeur naturelle. Col rabattu, tunique noire.
N° 280 du Cat. 1857.

B. — H., 0ᵐ,69. — L., 0ᵐ,35.

HEISS (JOHANN)

né à Memmingen en 1640, mort en 1704.

Élève de H. Schönfeld. Il y a de lui, au musée de Dresde, un
tableau daté 1677.

246. — Atelier d'artiste.

Des modèles de femmes nues posent devant des artistes et des amateurs costumés en Romains. Deux femmes nues, vues par devant
une autre par derrière; la quatrième, assise, en train de se
déshabiller; près d'elle une vieille femme qui lui parle. Au fond,
sur une étagère, des plâtres, statues, bustes, etc.

Signé en bas, à droite, sur un escabeau : *J. Heiss,* 1687 (le J et l'H
en monogr.).

N° 442 du Cat. 1857.

T. — H., 1ᵐ,12. — L., 1ᵐ,40.

HOLBEIN (HANS) le jeune

né à Augsburg en 1498, mort à Londres en 1543.

Fils et élève de Hans le vieux.

247. — Portrait de Johann Hammann.

En buste, de grandeur naturelle, vu de face; la main gauche, bagues aux doigts, posée sur l'appui d'une fenêtre, la main droite tenant un bijou. Costume noir, avec pèlerine de fourrures. Toque noire.

Sur le fond vert, à gauche, le nom du personnage en lettres gothiques allemandes, et à droite son écusson fleurdelisé.

Noté comme Holbein dans le Cat. de 1719. N° 301 du Cat. 1857.

B. — H., 0^m,67. — L., 0^m,47. Cintré en haut.

HULSMANN (JOHANN)

né à Cologne.

Nous ne connaissons pas de tableaux de lui dans les musées de l'Europe, mais nous en avons vu plusieurs à des ventes ou dans des galeries privées, notamment dans le nord de la Hollande et à Cologne.

248. — Portrait d'homme.

Assis près d'une table couverte d'un tapis d'Orient, le coude appuyé sur un livre. Chapeau à grands bords, costume noir. Il présente des lettres à un jeune homme debout, tenant de la main gauche son chapeau. A droite, vue sur un canal de Venise, avec édifices et navires. Au premier plan, un chien portant sur son collier les lettres F. V. C.; par terre, un globe.

Signé sur un livre ouvert : J. HULSMANN F. 1643.

Noté dans le Cat. de 1719. N° 12 du Cat. 1857.

T. — H., 1^m,74. — L., 1^m,78.

HULSMANN (Johann)

249. — Portrait de femme.

Assise sur un fauteuil, elle prend des fruits dans une corbeille que lui présente une femme debout, en costume noir et jupon verdâtre. A droite, est assise une troisième jeune femme faisant un bouquet de fleurs. A gauche, percée sur un paysage.

Pendant du précédent, et noté dans le Cat. de 1719. N° 22 du Cat. 1857.

Ce Hulsmann est un très-grand maitre, qui fait penser à Rembrandt et aux meilleurs portraitistes de l'école hollandaise.

T. — H.. 1^m.79. — L., 1^m,75.

ÉCOLE ALLEMANDE

250. — Portrait d'Ambrosius Jung, né en 1471.

A mi-corps, de grandeur naturelle. Grande pelisse noire fourrée, toque noire. Une des mains tient un papier.

Daté 1540.

A gauche sont les armoiries de son père et de sa mère, avec leurs noms : Hans Jung, mort en 1505, et Anna Im Hoff, morte en 1473. A droite, les armoiries du personnage, avec une inscription.

B. — H.. 0^m,79. — L., 0,67.

ÉCOLE ALLEMANDE

251. — Portrait de Magdalena Mannlichen, femme d'Ambrosius Jung, née en 1503.

A mi-corps, les mains croisées en avant. Pelisse en fourrure. La tête embéguinée de blanc.

A gauche, son nom sous les armoiries, et à droite les noms de son père et de sa mère, avec leurs armoiries.

Pendant du précédent, et mêmes dimensions.

KOFFERMANS (Marcellius)

Il peignait en Allemagne vers le milieu du XVIe siècle. Ses peintures ont pour marque une *mouche*. M. Robinson, du Kensington Museum, nous signale un de ses tableaux, signé Marcellius Koffermans, et daté 1568.

252. — Portrait d'homme.

Vu de face, à mi-corps, de grandeur naturelle, la main droite appuyée sur le rebord d'une console, la main gauche tenant les gants. Toque noire, grande pelisse largement garnie de fourrures. Tête d'un caractère extrêmement énergique. Barbe courte, d'un ton fauve. A gauche, sur le fond, les armoiries avec fleurs de lis.

Décrit, ainsi que le pendant, comme Holbein, dans les Cat. de 1719 et de 1746. N° 283 du Cat. 1857.

B. — H., 0^m,80. — L., 0^m,56. Cintré en haut.

KOFFERMANS (Marcellius)

253. — Portrait de femme.

Debout, de trois quarts à gauche, à mi-corps. La main droite tient un œillet, la main gauche est allongée contre la taille. Guimpe blanche et corsage rose, bordé de dessins d'or. Pardessus noir avec amples fourrures aux manches. Sur la tête bonnet en mousselines empesées. Sur le bonnet est posée une *mouche*. Armoiries à droite sur le fond.

Pendant du précédent. Les cadres sont de l'époque.

B. — H., 0^m,80. — L., 0^m,56.

KÖNIG (JOHANN)

de Nürnberg (?)

Doit avoir travaillé en Italie avec Rottenhammer?

254. — Prédication de Jésus.

Jésus, debout, prêchant devant une foule d'hommes, de femmes, d'enfants, de cavaliers. Riche paysage avec une percée sur une rivière à droite.

Peinture très-minutieuse, très-précise, un peu dans la manière de Rottenhammer et dans la manière de Peter Brveghel.

Signé : *Johann König f.* 1633.

Ces tableaux de König sont notés dans le Cat. de 1719. N° 218 du Cat. 1857.

C. — H., 0^m,42. — L., 0^m,61.

KÖNIG (JOHANN)

255. — L'Échelle de Jacob.

A droite, descendent les anges. A gauche, Jacob endormi. Paysage bleu.

Signé en toutes lettres sur une pierre.

N° 213 du Cat. 1857.

C. — H., 0^m,19. — L., 0^m,28.

KÖNIG (JOHANN)

256. — Éliézer et Rébecca.

A gauche, la suite de Rébecca et les chameaux. Fond de monuments et de paysage.

Pendant du précédent.

Signé sur le puits.

N° 208 du Cat. 1857.

C. — H., 0^m,18. — L., 0^m,27.

KÖNIG (Johann)

257. — Jésus rencontre Satan.

Paysage très-accidenté.
Signé et daté 1665.
N° 536 du Cat. 1857.

C. — H., 0ᵐ,15. — L., 0ᵐ,20.

KUPETZKI (Johann)

né à Pössing (Hongrie) en 1667, mort à Nürnberg en 1740.

258. — Portrait de femme.

A mi-corps, de grandeur naturelle.
N° 312 du Cat. 1857.

T. — H.. 0ᵐ,92. — 0ᵐ,76.

LUCIDEL (Nicolas) dit Neufchatel

né vers 1540, mort à Nürnberg vers 1600.

259. — Portrait d'homme.

Debout, à mi-corps, de grandeur naturelle. Toque noire et costume
noir. De la main gauche il tient une coupe orfévrée, et dans la
droite le couvercle. Fond d'architecture.
Signé sur la coupe.
N° 102 du Cat. 1857.

B. — H., 1ᵐ,09. — L.. 0ᵐ,72.

LUCIDEL (Nicolas)

260. — Portrait de femme.

A mi-corps, de grandeur naturelle. Coiffure blanche, costume noir.
Très-belles mains avec des bagues aux doigts. La main gauche
tient une rose rouge, la droite un bijou en argent.
Lucidel est un très-bon maître qui se rapproche beaucoup de Holbein. Il y a de lui d'excellents portraits aux musées de Berlin.
de Münich, de Vienne.
N° 113 du Cat. 1857.

B. — H., 0ᵐ,90. — L., 0ᵐ,73.

MIGNON (Abraham)

né à Francfort en 1637, mort à Wedzlar en 1679.

Élève de J. Moreels de Francfort et de David de Heem.

261. — Le Plat de fruits.

Sur une table couverte d'un tapis de velours vert à franges d'or,
un grand plat de faïence contient des raisins avec des pampres,
des framboises, un melon, du maïs. En avant, trois pêches, une
montre, un citron, et, en arrière, un verre de Bohême. Au-
dessus de la table, sur une console, un vidrecome dans lequel
trempe un citron, une écrevisse sur une assiette d'argent, un
couteau, un verre, etc. En avant de la table, sur un tabouret
couvert de velours rouge, un vase en or et une grappe de
raisin.

Magnifique qualité.

Tous ces chefs-d'œuvre de Mignon étaient déjà dans la galerie en
1719 : c'est ce qui explique leur conservation extraordinaire.

Signé en bas, à gauche, sur le pied de la table : *A. Mignon f.*

T. — H., 0^m,97. — L., 0^m,77.

MIGNON (Abraham)

262. — Un Déjeuner.

Sur une console, un plat d'huîtres, un citron, une grenade ouverte,
un couteau, un pain, des marrons, un vidrecome mi-plein de
vin blanc. Sur une boîte, une assiette de pommes cuites, une
coupe, des verres, etc. De la table pend un tapis vert émeraude.

Signé en toutes lettres.

N° 281 du Cat. 1857.

T. — H., 0^m,75. — L., 0^m,62.

MIGNON (Abraham)

263. — Le Coq.

Superbe coq mort, pendu par la patte sur la tablette d'une fenêtre
cintrée. La tête du coq pose sur une draperie bleue. A droite,
de petits oiseaux pendus par des ficelles, des insectes, etc.
Exécution très-magistrale, qui fait penser à van Aelst. C'est un des
chefs-d'œuvre de Mignon.
Signé en toutes lettres.
N° 309 du Cat. 1857.

T. — H., 0^m,88. — L., 0^m,67.

MIGNON (Abraham)

264. — Les Pêches.

Groupe de pêches au pied d'un arbre; des raisins dans un panier.
En avant, des abricots, des prunes, des châtaignes dans leur
cosse. Oiseaux, colimaçons, insectes, etc. Délicieux de finesse.
Signé en toutes lettres.
N° 293 du Cat. 1857.

T. — H.. 0^m,66. — L., 0^m,56.

MIGNON (Abraham)

265. — Corbeille.

Des raisins, des pêches, des abricots dans une corbeille, un vidrecome et des coupes, sur une console. A gauche, sur l'appui
d'une fenêtre, un chardonneret.
N° 351 du Cat. 1857.

T. — H., 0^m,80. — L., 0^m,70.

MIGNON (Abraham)

266. — Fruits et Fleurs.

Une guirlande de fruits à droite et de fleurs à gauche encadre une
ouverture de fenêtre par laquelle on aperçoit un fin paysage.
Exécution d'une extrême délicatesse.
N° 340 du Cat. 1857.

B. — H., 0^m,38. — L., 0^m,60.

ROOS (Johann Henrich)

né à Ottendorf en 1631, mort à Francfort en 1685.

267. — Halte à la fontaine.

Près d'une fontaine surmontée d'un *manneken* pareil à celui de la
fameuse fontaine de Bruxelles, entre deux colonnes supportant
une arcade en ruines, un bœuf couché, une vache, un bélier.
des moutons, des chèvres. Un peu en arrière, la bergère et le
petit pâtre jouent avec leur chien. A gauche, paysage très-
étendu, avec des coteaux jusqu'à l'horizon bleu.
Signé. à droite, en bas : *J. H. Roos fecit.*
N° 589 du Cat. 1857.

T. — H.. 1^m,30. — L., 1^m,50.

ROOS (J. H.)

268. — Le Taureau.

Au bas de rochers, sur lesquels sont couchés une bergère et un petit
pâtre, on voit ur taureau, une vache, une chèvre, deux moutons.
Signé.
N° 326 du Cat. 1857.

T. — H., 0^m,36. — L., 0^m,30.

ROOS (J. H.)

269. — Le Cheval blanc.

Un cheval debout, des chèvres, des moutons, près d'une ruine.
Pendant du précédent.
Signé en toutes lettres et daté 1673.

T. — H., 0^m,36. — L., 0^m,30.

ROOS (J. H.)

270. — Passage du gué.

La bergère en jupon rouge est montée sur son âne. En avant, une vache, des chèvres, des moutons, traversent un ruisseau, au pied d'une colline surmontée de maisonnettes. Très-bel exemplaire de ce maître si estimé autrefois.

Signé en bas à gauche : *J. H. Roos 1657.*

N° 121 du Cat. 1857.

T. — H., 0ᵐ,80. — L., 0ᵐ,65.

ROOS (J. H.)

271. — Halte à la fontaine.

Un vieux berger caresse une vieille bergère. Vaches, chèvres et moutons.

Signé ; *J. H. Roos 1669.*

N° 387 du Cat. 1857.

T. — H., 0ᵐ,53. — L., 0ᵐ,54.

ROOS (J. H.)

272. — Le Taureau blanc.

Près de ruines, le taureau debout, une vache couchée, des moutons, des chèvres, et sur un monticule le berger, la bergère et leur chien. Soleil couchant.

Signé : *J. H. Roos f. 1674.*

N° 392 du Cat. 1857.

T. — H., 0ᵐ,55. — L., 0ᵐ,60.

ROOS (MELCHIOR)

né à Francfort en 1659, mort en 1731.

Fils et élève de Johann Heinrich Roos.

273. — Berger et troupeau.

Vache fauve, debout, une chèvre, des moutons.

N° 238 du Cat. 1857.

T. ovale. — H., 0ᵐ,21. — L., 0ᵐ,30.

ROOS (Melchior)

274. — Rentrée du troupeau.

Pendant du précédent.
N° 319 du Cat. 1857.

H., 0^m,21. — L., 0^m,31.

ROTTENHAMMER (Johann)

né à Munich en 1564, mort à Augsburg en 1623.
Élève de son père.

275. — Le Banquet des Dieux.

Les divinités sont assises à table. En avant, des nymphes et des amours.

Très-riche et très-gracieuse composition. Le paysage par Brveghel de Velours.

N° 296 du Cat. 1857.

B. — H., 0^m,41. — L., 0^m,61.

ROTTENHAMMER (Johann)

276. — Laissez venir à moi les petits enfants.

Le Christ, assis en avant d'un portique, bénit les enfants qu'on lui amène en foule. A gauche, les apôtres; à droite, des groupes de femmes avec leurs enfants.

Belle et abondante composition où le peintre cherche Paul Véronèse.

N° 190 du Cat. 1857.

C. — H., 0^m,28. — L., 0^m,35.

ROTTENHAMMER (Johann)

277. — Le Christ présenté au peuple, sur un balcon.

En avant, figures innombrables, hommes, femmes, enfants. La foule s'étend jusqu'aux plans les plus éloignés dans un paysage couleur d'azur, où Brveghel a peut-être mis la main.

Pendant du précédent.
N° 203 du Cat. 1857.

C. — H., 0^m,27. — L., 0^m,35.

RUGENDAS (Georg Philipp)

né à Augsburg en 1666, mort en 1742.

Élève de Fischer.

278. — Marché aux chevaux.

Au pied de ruines, des cavaliers, des palefreniers conduisant des chevaux, une villageoise sur son âne.

N° 263 du Cat. 1857.

T. — P., 0ᵐ,98. — L., 0ᵐ,78.

RUGENDAS (G. P.)

279. — Marché aux chevaux.

Un cavalier cause avec des paysans. A droite, un cheval blanc qui se cabre. Au fond, un ancien aqueduc qui touche aux ruines d'un château.

Pendant du précédent et mêmes dimensions.

SCHWARZ (Christopher)

né à Ingolstadt en 1550, mort à Munich en 1594.

Chercha à imiter les Vénitiens.

280. — L'Enfant prodigue.

Un homme à turban en peluches et à pourpoint amarante offre du linge à l'enfant prodigue. Figures de grandeur naturelle, à mi-corps.

Peinture savante et singulière.

N° 443 du Cat. 1857.

T. — H., 0ᵐ,83. — L., 1ᵐ,14.

DIVERS

DOLCI (Carlo)

1616-1618.

Élève de Jacopo Vignali.

281. — Madone.

En buste, les mains jointes. Grande draperie bleue qui descend de
la tête et couvre les épaules.

T. — H., 0^m,56., — L., 0^m,43.

GIORGIONE (Giorgio Barbarelli *dit il*)

1477-1511.

Élève de Giovanni Bellini.

282. — Jalousie.

Deux femmes, vues à mi-corps, de grandeur naturelle : la femme
de gauche a les cheveux blonds, couleur de soleil, et d'amples
manches en mousseline. Elle pose sa main droite sur le sein de
sa compagne vue de profil. Entre elles deux, un peu en arrière,
un homme coiffé d'un chapeau à bord retroussé.

Nous avons conservé l'attribution du Catalogue (n° 570), bien que
le chapeau de l'homme porte le monogr. C H A, les trois lettres
mélangées, monogr. de Giovanni Cariani (ou Chariani), né à
Bergame en 1510, imitateur du Giorgione.

Superbe peinture, d'une exécution magistrale et d'un grand charme.

T. — H., 0^m,85. — L., 0^m,70.

LÉONARD DE VINCI (École de)

283. — Madone.

Assise, le bras gauche accoudé sur la base d'une colonne, elle tient sur ses genoux le petit Jésus. Ses longs cheveux couleur de « froment mûr » tombent sur ses épaules. Au sommet de la tête, une légère coiffure en mousseline ; par-dessus la robe d'un rouge fauve, un ample manteau bleu, doublé de jaune. Les tons de chair, pâles et ivoirins, ont un charme très-singulier. La main est superbe. Il y a je ne sais quoi d'étrange et de souverain dans cette femme belle, sérieuse, éclairée comme par un rayon de la lune.

Cette peinture, assurément, n'est pas de Léonard, ni de Luini, ni de Solario, à qui tour à tour elle a été attribuée. Elle ne nous semble même pas italienne, quoique le type de la femme rappelle les types de Léonard et de l'école milanaise, quoique l'enfant ressemble à un des enfants de Raphaël. Elle fait penser à van Orley, à Mabuse, à quelqu'un de cès habiles Flamands qui ont beaucoup travaillé en Italie.

En attendant que la lumière se fasse sur ce chef-d'œuvre, nous lui avons laissé l'attribution que lui donne le Cat. de 1857, n° 124.

B. — H., 1^m,10. — L.,0^m,80.

TIZIANO VECELLIO

1477-1576.

Élève de Giovanni Bellini.

284. — Portrait d'homme cuirassé.

A mi-corps, de grandeur naturelle, la tête de trois quarts à gauche. Les deux mains sur la garde de sa longue épée. Grand caractère. Noté comme Titien, dans les Cat. de 1719, de 1746 et de 1857.

T. — H., 0^m,93. — L., 0^m,70.

GREUZE (Jean-Baptiste)

né en 1725, mort en 1805.

Élève de Gromdon.

285. — Portrait de jeune fille.

En buste, tournée vers la droite. Cheveux blonds ; corsage rose, fichu en mousseline.

Peinture claire et fine.

T. — H., 0^m,42. — L., 0^m,33.

PARIS. — J. CLAYE, IMPRIMEUR, RUE SAINT-BENOIT, 7.